好習慣成就好人生！

戴晨志

60個讓你成功的好習慣

晨星出版

自序

嘴角上揚的人，一生福氣多

戴晨志

年輕時，有一位前輩告訴我：「晨志啊，你要記得『加減乘除心法』喔！」什麼是「加減乘除心法」？就是──「逢物加價、逢人減歲、信心相乘、挫折除一半。」

也就是，若看到別人身上攜帶、穿搭、喜歡的東西，就要「加價」，故意提高價錢，說：「這個東西一定很貴、很不便宜喔……你是在哪裡買的……」

談論到別人的年齡，一定要故意「減歲」，讓對方感覺自己很年輕，感到開心。例如，對方看起來像五十歲，我們就要說：「你看起來很年輕，大概只有四十歲！」千萬不能說：「你看起來大概六十歲！」免得把對方氣死！

出門的時候，我們的信心都要「加倍、相乘」，讓自己開心、微笑地出門，就會有好運降臨。遇見挫折時，自我挫折感要自動「除一半」，不能垂頭喪氣、委靡不振。

這前輩給我的教導，我一直記在心裡。

我相信，「加減乘除心法」是一個很棒的「人際溝通」與「自我激勵」的好方法；遇到與別人溝通、說話時，我們就要懂得稱讚對方的東西很好、很貴；談到對方的年齡時，就要說，對方看起來很年輕！每大，我們也都要帶著加倍的信心出門；遇到挫折時，挫折感要自動除一半。

這，就是讓自己成長、進步、人際關係更好、自我信心更堅強的「好習慣」。擁有好習慣，會讓自己更自信、更開朗！所以——

「嘴角上揚的人，一生福氣多！」

「要用微笑、樂觀、開朗，來打扮自己！」

其實，「人生不怕慢，只怕站！」

「不怕不進步，只怕不起步！」

有一位小姐，在我的粉絲團的故事之後，留下一句話：「挫折，是用來勵志，不是用來喪志的！」

哇，這句話說得真好！每個人都會遇到挫折，但有些人是用「越挫越勇、打敗挫折」的態度來面對它；有些人則是「自暴自棄、自怨自艾、抱怨退縮」來逃避它。

也因此，我們都要學習有「好習慣」、「好態度」，讓自己的生命，更加美好、亮麗！

有朋友告訴我一句話：「不走出去，眼前就是你的世界；勇敢走出去，世界就在你眼前！」

真的，我們不敢走出去、不敢舉手、不敢報名、不敢挑戰……我們就會困在自己的小小圈子裡。如果我們勇敢的走出去，讓自己面對挑戰、面對人群、面對陽光，就會遇見貴人、遇見好運，而廣大美麗的世界，就會出現在在我們的眼前！

所以，「困難、困難，困在家裡萬事難；出路、出路，出去走走就有路！」

養成好習慣、好態度、好信念，會讓自己更自信、更堅強、更有生命的方向感！

在我年輕時，我學習前輩、老師的教導，多做筆記、多寫日記、多勤快練習朗讀、多看好自己、多記錄讓自己快樂的事，讓我的內心充滿更多的「正面思考」與「正能量」。

同時，我也學習——在溝通時，要記得「及時打住一句不該說的話」，免得讓自己後悔不已。

「要停止抱怨、努力實踐，貴人才會出現、目標才能實現。」

而且，要勇敢舉手，自己才會被看見！

只要有機會，就要勇敢出去闖闖看，千萬不能讓自己窩在一個角落埋怨！因為，「人生路，抱怨沒有用，一切靠自己啊！」

所以，我喜歡一句話——「路，不是到了盡頭，而是我們要懂得轉彎了！」

人生，只要不放棄，一定會有「絕處逢生」的契機。

只要懂得學習「好習慣」，我們的人際關係就會更加美好；遇到挫折時，也會讓自己把「逆境」，變成「順境」！

因為，只要擁有「好習慣」，也懂得「改變心境」，就能「脫離困境」啊！

目錄

Ch.1 好心好意，都要用好話說出來

contents

Ch. 2 鍛鍊基本功，讓自己發揮才華

Ch. 3 凡事主動，才不會掉入黑洞

contents

Ch. 4

圓融溝通，事事都亨通

Ch. 5 自信自律，舞台就是你的

contents

Ch.

1

好心好意，都要用好話說出來

1
habit

要及時打住一句「不該說的話」

好心好意，都要用好話說出來

批評人的話，要想著說；
稱讚人的話，要搶著說。
多珍惜每次相遇的機會，
說出一句令人開心的好話

有一天，我受邀到台北一所國中的「父母成長班」去演講。

我提早半小時抵達演講會場。當我在會場準備電腦、投影機、音箱等影音設備時，一個中年媽媽走了過來，對我說：

「戴老師，我以前在××公司，曾經聽過你的演講。」

我一聽，這家公司我記得，就回答她：「喔，那應該是大概二十多年前了？」

她說：「對啊，應該是二十多年前了！」

這時，這中年的媽媽繼續對我說：「戴老師，你那個時候比較小隻，現在比較大隻……」

我一聽，哇，這是什麼話啊？

「大隻」，妳是說，我是一種動物，而我現在變得很胖啊！

我看了她一眼，沒有回答，只有笑一笑，繼續準備我的影音設備。

人到中年，都會發胖一些啊！幹嘛當著別人的面，說人家變得「很大隻」？

也有一次，我也遇到一位多年不見的教授，一看到我就說：「你怎麼胖這麼多，害我差點都認不出你來！」

哈，這也太誇張了，其實你自己也胖很多，只是我沒有說出來而已啊！

批評人的話，要想著說；稱讚人的話，要搶著說。

多年不見，為什麼一定要說：「你變得很大隻！」
「你怎麼胖那麼多！」
怎麼不說：「戴老師，你今天的氣色好好哦！」
「戴老師，你笑起來，好好看喔！」

我們都要學習——
「**珍惜每次相遇的機會，說出一句令人開心的好話。**」
也要**及時打住一句**「**不該說的話**」。
因為，「**好心好意，都要用好話說出來啊！**」

2
habit

說話與傳訊息，都需要用心再三

說話與文字，都是有溫度的

多想想——話語在別人聽到後，
會不會生氣、難過？
訊息在別人閱讀後，
會不會不悅、憤怒？

有一次，我在辦公室接到一通電話，對方是個男生，有點緊張的詢問我：「請問……這裡是戴晨志……的先生辦公室嗎？」

我聽了，覺得有點好笑。我知道，他太緊張了，把一個「的」字，放錯位置了。

他說，他是某個學校的老師，想邀請我去演講。我說，好。不過，我這裡是「戴晨志先生的辦公室」，不是「戴晨志的先生辦公室」。

一字之差，可是相差很多哦！

也有一次，有人邀請我演講，簡訊的尊稱，竟稱呼我「戴老鼠」。

天哪，我怎麼變成「戴老鼠」？老鼠，也有姓啊？

我竟然變成「鼠輩」了。

也有人給我的簡訊，稱呼我：「帶老師」、「載老師」。

看了這些簡訊邀請，我真是該不該生氣？還是好笑？

現在很多人，簡訊隨便打一打，就傳送出去了，連再看一次、檢查一次都沒有，真是不夠用心。

其實，「**說話，是有溫度的；文字，也是有溫度的。**」

話語，在說出去之前，要想一想——合不合宜？會不會說錯話？聽的人，會不會生氣、憤怒、難過……

文字，在傳送出去之前，要再三斟酌、檢查一下——有沒有打錯字、有沒有語意不明、會不會傷害到別人？

3
habit

忍住怒氣，將來才能揚眉吐氣

受屈辱、被嘲諷，都是人生常有的事

誤判，是比賽的一部份，
受屈辱，也是人生常有的事。
大聲咆哮、回嗆、抗議，
不一定是最好的方式……

在高雄一家電子公司演講會之後，多位同仁上台分享他們的心得。

一位許小姐說，有一次，他們部門原料短缺，產品無法如期交貨，主管得知後，氣得當眾罵她：「妳是豬啊，腦袋都裝屎（台語）啊？怎麼笨得像豬一樣？妳怎麼不先把貨備齊啊？……現在沒東西可以交，我怎麼對客戶交代？」

許小姐說，當下她很生氣，因主管竟然公開罵她是「豬、腦袋裝屎」！她很想辭職，不幹了！可是，她轉個念，學習「忍住氣」。

當她想再解釋時，主管又大聲說：「不要再說了，妳的頭腦到底有沒有在用？……以後不准再誤事了！」

此時，許小姐眼淚都快掉下來了！可是，她還是委屈、低頭地說：「是，我是豬，對不起，我下次會小心的……」

事後，許小姐滿腹委屈，因為無法備貨、交貨的問題不在她，是還有其他相關稅法的問題。

不過，幾天後，罵她的主管在一個會議上，對她說：「我不是在責怪妳，是教妳如何把危機變轉機，妳懂嗎？我罵妳是『豬』，也是在罵我自己耶！因為，我罵妳是『豬』，我自己是『頭』吔……」

許小姐一聽，不禁會心一笑！可是，她說，她的心情還是沒有很好！

「剛才，聽到戴老師上課時說：**『誤判，是比賽的一部份；受屈辱，也是人生常有的事。』抗議、咆哮、回嗆不是最好的；要忍住怒氣，化為爆**

發力，才能揚眉吐氣，老天會看到我們的努力……我覺得戴老師說得很對，我也很受用……」許小姐站在台上說：「老闆因為願意教導我，口氣才會急躁了點、大聲了點，而且，老闆還要背負更大的責任呢！」

許小姐接著又笑著說：「現在我回想起來，好險當時有忍住怒氣，沒有對老闆大聲回嗆，否則後果真是不堪設想！今天聽完演講，心情真好、很開朗耶……」

（演講會後，許小姐私下對我說——老闆昨天曾小聲對她說，最近會**幫她加薪哦！**）

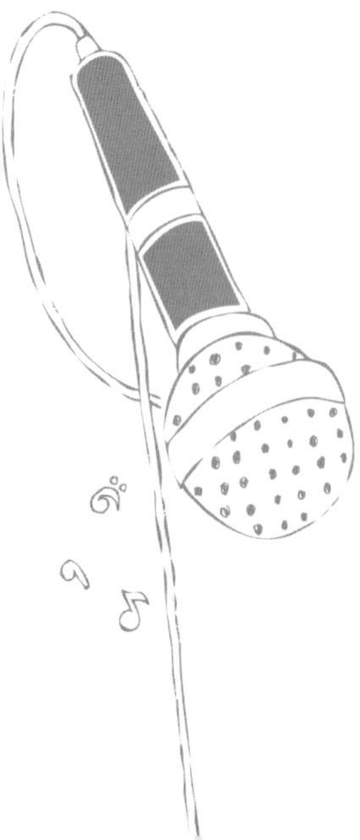

4

habit

停止抱怨，你的能力要被看見

留美碩士無薪見習，改變一生機運

安逸，是人生的安眠藥，
甚至是毒藥。
積極心態像太陽，
照到哪，就亮到哪。

年輕時，我從美國威斯康辛州拿「廣播電視碩士」回台，第二天，我就參加台視電視記者的招考，但是，我沒有考上。

在家閒晃一周之後，我寫了一封毛遂自薦的信，給「華視新聞雜誌」製作人，告訴她，我剛從美國拿廣電碩士回台，我可不可以到貴單位「見習、實習」？我「沒有薪水」沒關係，只要給我一個機會，跟前輩們學習就好了，我願意無薪的見習。

華視新聞雜誌製作人接到我的信，回覆我，可以讓我無薪的到華視實習、見習。

就這樣，我跨進了華視大門，也很努力、用心的請教前輩，努力學習。

後來，製作人看我表現不錯，指派我，與攝影記者到台東，拍攝「外役監獄」的特別報導。播出之後，受到不錯的好評，製作人給我七千元的酬勞。

之後，製作人看我的態度、能力都不錯，就每週給我一個任務、一個新單元的題材拍攝。就這樣，我製作的新聞專題，每週都被播出，製作人很滿意，一個月、四周，給我28000元。

後來，我成為「特約的執行製作」，月薪35000元。

約不到半年，華視第一次公開招考電視記者，我因能力被看見，所以，最後我以第一名的成績，被錄取為「正職的華視文字記者」——除了高月薪，還有十個半月的年終獎金，另有中秋節、端午節獎金。

無薪的實習工作，你要不要去做？

「我要！」

因為那是我的「興趣與渴望」。

所以，我說，我從美國拿廣播電視碩士回台，我的第一份工作，是「零K」的無薪工作；但是，它讓我的態度與能力「被看見」，最後，以第一名考上華視電視記者。而後，我在華視工作兩年，才再赴美攻讀博士學位。

「安逸，是人生的安眠藥，甚至是毒藥！」

「停止抱怨、努力實踐，貴人就會出現，夢想才能實現！」

所以，「**積極心態像太陽，照到哪，就亮到哪。**」

5

habit

隨時展現「三隻手哲學」

懂得運用「三隻手」，讓人生更美好

懂得「三隻手哲學」的好習慣，
我們的人生，
就會充滿自信、快樂，
人際關係也會更加美好！

在演講中，有時我會詢問在場的聽眾：「一個人有幾隻手？」
大家都會回答說：「兩隻手。」
可是，我會跟大家說：「一個人不是只有兩隻手，而是三隻手！」
為什麼？難道還多一隻「扒手」嗎？
不是的。一個人有三隻手，是因為——
在小時候，老師詢問我們要不要參加比賽？要不要出來服務大家？有沒有什麼問題？……這時候，我們都不要客氣、不要不好意思，要勇敢地

「舉手」！

舉手，是什麼表現？是勇敢的表現、是積極的表現，也是展現自己、主動自信，也讓別人看見的表現。

同時，在碰到老朋友、新朋友的時候，我們都要開心、歡喜的伸出手，跟對方熱情的「握手」！

握手，是什麼表現？——是展現我們的大方、開懷、熱情、接納他人的表現。當我們展開笑顏與對方握手時，對方也一定會歡喜的與我們握手，這樣，人際關係就跨出了一大步。

另外，當我們的孩子、朋友、同事、家人……有很好的表現、很好的成績或成就時，我們都要主動、不吝嗇的給對方「拍手」！

拍手，是什麼表現？是肯定、讚美、鼓勵、喝采、嘉許的表現！

一個人，有了一般的「兩隻手」，認真、勤勞來做事；但是，我們更要有特別的「三隻手」，來為自己創造更美好的人生。

當我們懂得「三隻手哲學」，我們的人生就會更加快樂！

讓我們再複習一下——

「舉手」，在許多場合，讓我們養成自信、勇敢、主動、渴望的積極態度。

「握手」，讓別人看見我們熱情、開朗、樂觀的性情。

「拍手」，讓我們主動為他人鼓勵、喝采，也讓雙方贏得美善的友誼！

■勇敢舉手，才會有人為我們拍手。

在一場演講會結束前，一位男士勇敢舉手，站到台上，拿著麥克風對大家說：「今天聽到戴老師的演講之後，我就覺得，我一定要勇敢的站到台上來，因為只有我勇敢、主動『舉手』，站出來講話，才會有人為我熱烈『拍手』！」

哇，這男士這麼一講，台下所有聽眾響起一陣掌聲，為這位男士大聲喝采。

真的，**我們要有「三隻手哲學」的好習慣，經常懂得——「舉手、握手拍手」，這樣，我們的人生就會充滿自信、人際關係更加美好！**

6
habit

別在意別人的舌頭與嘴巴

專注、堅定地朝著目標前進

我們絕不能太在意——
別人故意打擊我們的惡毒舌頭；
我們要專注、堅定地，
朝著我們既定的目標前進！

有一群青蛙，辦了一場比賽——看誰最快跳到山丘上面去？

比賽即將開始，許多青蛙都興沖沖的趴在起跑線上，準備全力衝刺，想要快速跳躍，拿到冠軍。

比賽一開始，所有的青蛙都努力、用力的往前跳躍，全力以赴，大家也都跳得滿頭大汗！

其中有一隻身材肥胖的青蛙，更是努力的向前跳躍。可是旁邊有許多青蛙，就在一旁嘲笑牠：「哈，哈，哈，你長這麼肥、這麼胖、這麼醜，幹嘛還要來參加比賽……你拿不到冠軍的啦！」

可是，這隻身材肥胖、其貌不揚的青蛙，滿頭大汗的，頭也不回的往前一直跳躍；不管別的青蛙如何說牠，牠就是繼續向前邁進！

後來，在中途時，還是有一些青蛙，對著這隻肥胖的青蛙嘲諷說：「哈哈，好好笑喔，長這麼醜、這麼胖，居然還敢來參加比賽，你怎麼可能得到第一名？……太好笑了……趕快回家躺著休息吧！」

可是，這隻肥胖的青蛙，眼睛還是直視前方，氣喘喘的，不受其他青蛙嘲笑的影響，賣力地朝著山丘上面，不斷跳躍前進！

跳啊，跳啊，這隻身材肥胖的青蛙，最後終於拿到「跳山丘比賽的冠軍」！

為什麼呢？因為，牠是一隻「耳聾的青蛙」。

牠，聽不見別人的嘲諷、嘲笑、閒言閒語、指指點點……牠只是專心一意的、專注前方目標、頭也不回的勇敢邁進！

在我們人生之中，一定會有人不看好我們、嘲笑我們、奚落我們，給我們嘲諷、說負面的言語、打擊我們、或扯我們的後腿。

可是，我們要被擊倒嗎？我們要被打倒嗎？

不，不，我們不能被別人的眼紅、譏諷、嘲笑所擊倒！

我們要做一隻「耳聾的青蛙」，聽不見別人惡毒、訕笑、嘲諷、打擊的語言，我們要專注前方目標，勇往直前，絕不退縮！

只要我們勇往直前、不停的跳躍前進，那些「嘲笑我們、看不起我們的人」，就會遠遠落後在我們後面了。

所以，**我們絕對不能太在意別人惡毒、故意打擊我們的舌頭！**

我們要當一隻「耳聾的青蛙」，快樂、專注、堅定地，朝著自我訂定的目標前進，永不退縮！

在我的一場演講之後，一個國小的男生勇敢的舉手上台，他大聲地對大家說：「我今天學習的一件很重要的事，就是——『我要成為一隻耳聾的青蛙！』

哇，這小男生自信、宏亮的聲音，讓大家給他熱烈的掌聲！真的很棒！

聽完演講，他就把「耳聾的青蛙」，銘記在心裡。

後來，我一手拿麥克風、一手摸摸他的頭，也對他說：「祝福你，早日康復……」

哇，現場又是一陣歡喜、開心的笑聲！

7
habit

一日之計，在昨夜

睡覺前，做好明日工作的準備

早上起來，
再來計劃一天該做的事，
已經來不及了，
一定要提早規劃、安排……

每天，都有忙不完的事要做、很多資料要看、很多新聞要閱讀、很多事情要聯繫、很多電話要溝通、有很多人要見面、討論……

俗話說：「一日之計在於晨。」

可是，我認為早上起床再來計畫一天該做的事，已經來不及了，也鐵定來不及了，所以，一定要提早規畫、安排、記錄下來。

所以，我認為——「一日之計，在昨夜！」

多年來，我秉持這句話的精神，在每天晚上睡覺之前，就把明天起床後，該做的事，列出一張「清單」，以便明天一起床，就可以清楚知道，自己應該按部就班做什麼事？

而且，我的床邊桌上，也一定有筆和紙，睡覺之前、昏睡之前，一旦想到什麼重要的事，我就馬上拿起筆，記錄下來。

人，在想睡覺前，常很懶惰，常會對自己說：「先睡覺吧，明天起床，我還會記得這些事……」

可是，明天早上一起床，昨晚想到的那些事，若沒記下來，事情一定會忘光、記不起來！

所以，**「記憶是短暫的，記錄才是長遠的！」**

「一日之計，在昨夜啊！」

8
habit

每天笑著起床

面對鏡子笑一笑，我們都是幸福的

想想，那麼多知名、有才華的人，
都已經不幸離開人世了，
我們都還能夠健在的呼吸，
豈不是很幸運、幸福？

有時，我早上醒來，張開眼睛時，我要先想一想：「現在，我人在哪裡？」是在台北、高雄、日本、美國、加拿大、韓國、馬來西亞、泰國、義大利、澳洲、紐西蘭、奧地利、西班牙、英國？……

由於我去過很多國家，所以早上起床時，自己先搞清楚——現在，「我人在哪裡？」

有時，我心裡會想：「能夠起床、能夠張開眼睛、能夠繼續呼吸、能夠穿上拖鞋，就是一件幸福、令人歡喜的事！」

想想，那麼多知名、有才華的人都已經離開了——張雨生、鳳飛飛、鄧麗君、金庸、杏林子、余光中……都不幸離開人世了，而我們有幸還能夠健在的、呼吸、生活，豈不是很幸運、很幸福嗎？

以前，我不知道「洗腎」到底是怎麼一回事，直到親人年紀大了、身體衰弱了、糖尿病了，需要洗腎了，我才知道洗腎是很不舒服的；而且，一星期要洗腎三次，一次要待在洗腎室四個多小時，也是很煩人的！

我的一個中年女性朋友，突然得到「舌癌」。

為什麼？她說，我又沒有抽菸、喝酒，我每天運動、努力上班、熱心公益，我為什麼會得到「舌癌」？

然而，沒有為什麼，也不知道為什麼？醫生說，只有二條路可走——一、慢慢等癌細胞蔓延，生命可能半年就走到盡頭了。二、趕快住院動手術，要把舌頭切掉三分之二。

怎麼辦？切割掉舌頭，怎麼說話？

可是，為了活命，為了繼續活下去，她兩天之內，就立刻住進醫院。醫生幫她把舌頭切除三分之二，只有剩下三分之一的舌根。住在醫院時，她的舌頭被切除了，每天好痛、好痛！而且，她不能吃東西，每天只能喝一些流質的東西。

現在，她出院了。個性開朗的她，每天依然參加社團活動、讀書會、宗教活動……但是，她因為舌頭切除了一大半，講話很不清楚，別人很難聽得懂她在說什麼？

而且，她每天出門，都要攜帶一個小果汁機。

為什麼？因為，她沒有舌頭，不能直接吃咬食物，必須把菜、肉、魚、飯等食物，一起放進小果汁機之中，與液體一起攪碎了之後，才能慢慢喝吞下肚！

想想，這是多麼辛苦、痛苦的一件事。可是，沒辦法，生命中遇到了悲苦、劫難，自己只能勇敢去面對。

所以，想一想，我們大部分的人，真是很幸福啊！我們可以跑、可以跳、可以唱、可以吃、可以看、可以自由自在……是多麼美好啊！

所以，我們每天都要——「笑著起床！」

每天起床、刷牙時，我們都可以面對鏡子，張開嘴巴、開心的笑一笑！

也告訴自己：「我是很幸福、很幸運的！我要好好把握今天的時間、不要浪費時間……我要對人微笑、對人多說好話，讓我一整天都很快樂！」

每天早上，笑著起床，我們就會有幸福、快樂的一天！

9

habit

正面思考，是唯一的出路

改變心境，才能脫離困境

遇上困境時，
只要「轉個念」，
把負面情緒轉化為「正面思考」，
心境就會截然不同！

有一天，我應邀前往台南歸仁國中演講。在演講會後的簽書會上，一位女老師拿書過來給我簽名，也對我說：「戴老師，謝謝您的分享，讓我學到了很多……」她也特別主動和我分享一個發生在她自己身上的小故事——

前一陣子，我在路上被一隻狗咬傷了腳，傷口又大又痛。當下，我非常生氣、難過，覺得真是太倒楣了！但是，醫生看了我的傷口後，告訴我：「妳應該感到高興！」天哪，走在路上，無端被狗咬傷了腳，有什麼值得高興的呢？

醫生說：「妳應該慶幸，因為妳是在寒冷的冬天被咬傷，若換成是在炎熱的夏天，妳的傷口可能會潰爛得更嚴重、更難以癒合……」

聽完醫生的話，我的心情突然開朗了起來。

雖然生活中總會發生一些意外與困境，但若一直陷溺於憤怒、悲觀的負面情緒中，只會讓自己的心情愈來愈糟。很多時候，**只要「轉個念」，將負面情緒轉化為「正面思考」，心境就會截然不同**。現在，我的傷口已經痊癒，心情也更美麗了。

十分感謝這位女老師對我的分享。

的確，面對困境與意外，當下的情緒必定是悲觀的、負面的。但是，負面的思考無法幫我們解決難題，反而會使自己更加痛苦。所以，**當我們面臨不順的處境時，停止自怨自艾，換個念頭吧！**因為——

「來的，都是好的！」

「改變心境，才能脫離困境。」

「正面思考，是唯一的出路。」

10

habit

只要有機會，就要勇敢去闖闖看

勇敢嘗試，都是人生美好的回憶與養分

失敗沒關係，
只要勇敢參與，
都是人生很美好的回憶，
也是人生中，很棒的經驗。

在我當兵退伍後，為了想當播音員，就報考中國廣播公司，但沒被錄取；再報考警察廣播電台，也沒被錄取。真的，心情很難過。

後來，我想，報考正聲廣播電台，總應該可以考上吧！可是，事與願違，雖然主考官人很好，對我也很客氣，但是，當他叫我在播音室裡，播報新聞之後，仍然沒有錄取我。

在那個年代，廣播電台不多，而且播音員的聲音都要是字正腔圓、講出標準國語。我雖然有努力練習，奈何自己也是在鄉下長大的本省人，距離

「字正腔圓的標準國語」還有一段距離。

過一陣子，有朋友告訴我，有一個廣播劇正在錄音，缺少一些劇情播音人員，問我想不想去試試看？我說，好啊！

於是我就打電話給主管人員，約定時間到錄音室去，大家一起播演廣播劇。我記得很清楚，導播知道我是個「菜鳥」，就給我一個簡單的角色，按照劇本，和大夥兒一起播演廣播劇。輪到我的角色說話時，我就按照劇本中的台詞，大聲唸了出來。

在正式錄音時，那些資深的播音員都很厲害，一下子就把劇情台詞播演得唯妙唯肖；而我，是菜鳥，但也努力地把我的角色台詞唸完了。

後來，廣播劇錄完音之後，我詢問導播：「下次什麼時候還要來繼續錄？」

導播拿了一些酬勞給我，跟我說：「謝謝你，下次你不用再來了！」我聽了，難過地走出錄音室，也結束了我這一生第一次、也是唯一一次參與的廣播劇演出。我……我被開除了！

真的，人生不如意的事，十之八、九啊！或許，我不是當播音員的料吧！

參加李泰祥大師的合唱團員招考

後來，我在報紙上看到一則小廣告，音樂大師李泰祥先生在招考合唱團員。我對唱歌有些興趣，平常就喜歡哼哼唱唱，於是，我就打電話給李泰祥大師，和他約定時間去試音。

當時李泰祥大師在他家的客廳，有一架很棒的鋼琴；當天，很多年輕男女都依約，到他家去試音。李泰祥大師一邊彈鋼琴，一邊叫我唱。我這個小毛頭就按照李大師的指示，東唱西唱！唱完了，各位猜，我有沒有被錄取？

沒有……？哈，你猜錯了，我被錄取了！

我很意外被錄取了！我想，我又不是那麼會唱歌的人，我怎麼會被錄取？唯一的原因，大概是合唱團缺「男聲」，所以我姑且被錄取了。

後來，我們合唱團不斷的找時間練習，最後，也正式錄音、灌唱片，也結束了我與李泰祥大師的一段美好因緣！

二年後，我出國唸書，也沒再和李泰祥大師聯絡。不過，大約在二十年後，我到國家音樂廳聆聽音樂會，在樓梯走道巧遇李泰祥大師，他的年紀已經十分老邁。我詢問他，當時我們合唱團一起錄製、灌錄的唱片，後來有沒有出版？年邁的李大師想了一想，緩慢的搖搖頭，回答我：「沒有……那次錄音……我覺得效果不是很好……後來就沒有出版……」

天哪，我生平第一次有機會灌唱片，最後錄完音，竟然沒有出版！（大概……是有我在裡面的緣故吧……）

回想年輕時，報考播音員，多次沒有被錄取；去廣播劇當小配角，一次，就被開除了；參加合唱團員，錄音、灌唱片，卻沒有出版、上市……

不過，失敗都沒有關係，只要勇敢參與，都是我人生很美好的回憶，也都是我人生中，很棒的經驗和養分！

真的，**只要有機會，就要去闖、去報考、去參與。**

只要勇敢跨出去、勇敢嘗試，就是挑戰自己，也讓自己一步步邁向成功！

11
habit

提早出發，就能提早到達

我們一站上台，別人都在給我們打分數

金盃、銀盃，不如別人的口碑；
金獎、銀獎，不如別人的誇獎。
拖延、遲到，只會使自己壓力加大，
甚至把事情都搞砸了。

二十多年來，我的工作就是「寫作、演講」。

也因為寫作的書籍多了，自然有許多團體、公司行號、學校、政府單位邀請我演講。算一算，這二十多年來，海內外的演講次數，已經超過三千多場次了。

我有一個習慣，就是要求自己——「提早抵達演講會場，不能遲到！」

所以，我一向的原則是——「提早半小時抵達會場。」而重要或是人數眾多的演講場合，甚至「提早一個小時抵達」。

為什麼呢？因為我有時去聽別的講師演講，時間到了，還沒看到講師出現！原因不外是——車子壅塞，講師正被堵在車上，所以要晚一點開始演講。

可是，講師為什麼不提早出發、提早上路呢？

當然，道路上有許多意外和不可抗力的因素會出現，但，大部分是——「只要提早出發，就可以提前到達！」

也因此，我告訴自己，一定要提早出發，即使路上發生一些意外，但我有提早半小時，至少有半小時的緩衝時間，盡量可以在演講開始之前抵達。

所以，有時提早抵達演講會場時，連一個來賓、聽眾都還沒有來；不過，沒有關係，至少我可以放鬆心情，慢慢地準備電腦、投影機、調整麥克風，以及看看演講內容。

您知道嗎，**我們一開口、一站上台，別人都在給我們打分數、給我們**

評分啊！

假如我們遲到了、氣喘吁吁的抵達會場，一開口就是彎腰道歉地說：「對不起，我遇到塞車、遲到了……真的很對不起……」

可是，再多的對不起，都沒有用，別人還是會給我們的評價「大打折扣」，或給我們「負面分數」。

所以，「金盃、銀盃，不如別人的口碑！」

「金獎、銀獎，不如別人的誇獎！」

凡事告訴自己——**「不要拖延，提早出發，就可以提前到達。」**

拖延、遲到，只會使自己壓力加大、神情緊張，甚至把事情都搞砸了。

12
habit

做事用心認真，勝過高學歷

凡事真心、誠心，什麼都能成，因你就是力量走過今生，千萬認真。
用真心來待人，
敞開心胸與他人互動，
才能感動別人。

有一天，我開著車子到一加油站加油。迎面而來的，是個身材高大的男生。

「歡……迎……光……臨……」這男生頭頸上吊掛著大白紗巾，肱著左手，應該是左手受傷了。他低頭問我：「先生……請問你……要加……什麼油？」

這大男生有點大舌頭，講話速度緩慢。

「九五加滿。」我看著這男生，用右手轉開了油箱蓋，再用右手慢慢拿起油槍、放進油孔。

此時，他走了過來，問我：「請問……你是要刷卡……還是付現？」

我沒多講話，只把信用卡和統一編號遞給他。

當油加滿後，這左手肱著白紗巾的大男生將油箱蓋轉緊，也拿著帳單給我簽名，也把發票和信用卡，一起還給我。

像平常一樣，我想已刷完卡，我要把電動車窗升起；可是，這大男生卻低彎著腰，側著頭，狀似要靠近我。直覺上，我有些壓迫感，心想——兩個大男人，彼此靠這麼近幹什麼？

這時，他用有點漏風的大舌頭，遲緩地對我說：「先生……請問你……車上有沒有什麼垃圾……拿給我……我可以幫你……拿去丟掉……」

天哪，我像觸電了一般，全身麻了一下，腦中空白了兩秒，才回過神來，對他說：「喔，沒有，不用了，謝謝！」

我發動了車子，踩著油門離去。我再回頭，望了這大男生一眼。我的眼眶，濕紅了起來。

我在國內外開車三十多年了，也加了無數的汽油，但，謝謝你，這大男生，你的這句話，是我聽過最令我感動的一句話；因為，你是第一個主動問我——「想幫我把車上垃圾拿出去丟掉的人。」

「一個人，只要用心、真心、誠心，什麼都能成，因你就是力量。」

「做事用心、認真，勝過高學歷。」

用真心來待人，才能感動別人。

若只有高學歷，卻沒有真心待人的心，也不會以溫暖的心，敞開心胸與他人互動，則將不會受人歡迎。

「走過今生，千萬認真。」我們只要看好自己，積極努力做出最棒的自己，老天一定會給我們最好的回報。

所以，我們都不能小看自己，也都不能怕黑，因為——**「再黑暗的地方，都有蘑菇努力生長。」**

Ch. 2

鍛鍊基本功，讓自己發揮才華

13

habit

勤記錄，讓自己受用不盡

長長的記憶，不如一支短短的筆

好記憶，不如爛筆頭！
聽，永遠是別人的東西，
只有寫下來、記下來、用出來，
才是屬於自己的智慧。

一早起來，就看到手機裡有讀者的留言，上面寫著：

「戴老師，您的有聲書真的太棒了！我每天開車時，都會和我女兒一起聆聽……老師在有聲書裡有說到——『長長的記憶，不如一支短短的筆！』現在我出門，都會記得在包包裡，放著筆和紙備用著。

之前，還有人跟我說，聽有聲書幹嘛還要寫起來？聽聽就好了……

可是，就像老師所說：『好記憶，不如爛筆頭！』

『好習慣，都是從不習慣開始的！』

所以，我現在不管別人怎麼說，我就是每天隨時記錄，因為，我是一個容易忘記的人，不管是工作，或是生活上待辦的事，我都會寫下來、記下來……戴老師，好感謝您的有聲書的教導喔！」

看到這封來信，我心裡好感動；因為——

「想成功，就要有好習慣！」

「好習慣，都是從不習慣開始的！」

幾年前，我在馬來西亞受邀在一家保險公司的表揚大會演講時，看到一名中年的男業務員，他拿到全公司、全馬來西亞業績的第一名。當他上台接受數千名同仁起立歡呼、鼓掌時，他站在台上，雙手抱滿著同仁送給他的花束；他含著淚水，用華語說道：

「若要人前顯貴，就要人後受罪！」

哇，我聽到這句話，真的很開心，因為這句話太棒了，太有啟發性了！

所以，我立刻拿筆，把這句話寫下來、記下來、背下來。

現在，在很多場合，我都用這句話與朋友或讀者們分享！

說真的，長久以來，我的身上都會隨時帶筆和紙，聽到什麼好話，或是想到什麼重要的事，我就會習慣性的把這些事寫下來、記下來。長官講了哪些事情、交代什麼事情，我也要隨時記錄。

甚至，我的床頭茶几上、車上，也都有紙筆，讓我隨時有靈感、有想法，隨時記錄。有時候，在外面與朋友聊天，想到什麼或是聽到什麼好話，一時之間，身上沒有紙，怎麼辦？……身上的衛生紙可以寫，統一發票也可以寫；只要有心，什麼都可以寫。

當然，現在手機很方便，大部分手機也都有手寫，或記錄的功能，都可以幫助我們方便記錄。

就像——**「一回生、二回熟，三回、四回成高手！」**這句話，也是我聽來的，我寫下來、記下來、背下來，就屬於我的智慧，可以跟大家分享，不是嗎？

我們都要記得——**「聽」，永遠是別人的東西，只有寫下來、記下來，我們才會記得；而當我們懂得用自己的方式內化、消化之後，再「說出來」時，才會是屬於自己的智慧！**

14

habit

勤寫日記，成就自我

我不要當人力，要當人才

寫日記，讓我學會——
「多觀察、多傾聽、快下筆……」，
也讓我在短時間內，
快速把看到、想到的事物，寫出來！

年輕時，我兩次沒考上大學、只唸國立藝專廣播電視科，心中十分沮喪。我不想再考第三次大學聯考，所以，在唸藝專廣電科時，我就下定決心，要好好在廣電科的領域，努力用功，一定要有不錯的表現。

我決定，我每天要寫一篇「日記」。因為，從事廣電、新聞工作，將來是要靠「一支筆、一張嘴」來吃飯，自己的文筆、口才都很重要；所以，我每天都要訓練自己的文筆、每天寫一篇日記。

剛開始，我買「日記簿」來寫。後來，為了知道自己寫多少字數，所以我改用「稿紙」來寫。

有時，我強迫自己在下課十分鐘之內，寫出三、四百字。

想想，今天上課時，老師講了哪些重點、哪些故事、哪些笑話？今天有哪些開心、快樂的事？有什麼生氣、難過的事？……

當我寫日記時，我專心、快速的把事情描述，而且，也盡量寫上一些「名言佳句、至理名言」，讓自己的日記更有內涵、有意義。

我最開心、自豪的是，我在藝專三年，我整整寫了三年的日記，沒有一天中斷過；包括我在成功嶺六周的軍事受訓期間，很辛苦、很勞累、疲倦，但我仍然堅持天天寫。

有時，出操、行軍、打靶……熱得全身流汗，但我坐在樹下，我也拿出口袋中的小冊子，想想，長官今天講什麼話？我有什麼心得、感覺？……別人累得倒頭休息，但我寫日記、寫心得，卻樂此不疲。

我覺得，寫日記，不一定是在晚上睡覺之前寫，而是隨時都可以寫。寫日記，讓我學會「多觀察、多傾聽、快下筆、快組織」，也讓我在短時間之內，能快速把腦中看到、想到的心情、事物，用筆記錄下來。

曾有人說過一句話：

「一艘船，除非它有目標與航向，否則，不管吹什麼風，都不會是順風。」

寫日記，是我的目標與航向，我一定要堅持訓練我的文筆；我雖然只有唸三專，但我相信，以後我一定會有成就。

後來，**為了訓練我的英文寫作能力，我也試著用「英文」寫日記**。剛開始，就寫一些簡單的單字、句子；慢慢的，我可以使用的英文字眼也越來越多。我也試著寫出一些英文成語，或是拿著文法書，試著按照英文文法，寫出比較像樣的英文。

每天，寫一篇英文日記，當然，英文就會慢慢進步。每天，寫一篇中文日記，加上強迫自己在用字遣詞中，加入自己平常收集的古今中外的名言佳句，我每天都很高興；我知道，我每天都在學習、在進步；我沒有浪費時間，我也告訴自己——**「將來，我不要當人力，我要當人才。」**

我記得，在我唸的高中國文課本中，有一段蔣故總統經國先生的一段話：

「只有在風雨之中成長的，才能挺立於風雨之中；也唯有在大時代中，寧赴一戰，不受奴役的人，才能做時代的主人。」

而國父孫中山先生也曾經說過：

「吾心信其可行，則移山填海之難，終有成功之日；吾心信其不可行，則反掌折枝之易，亦無收效之期也。」

過去，堅持天天寫日記，讓我文筆變得更好、寫作組織能力更強，後來也讓我以第一名的成績，考上華視記者；甚至，在我擔任世新大學口語傳播系主任時，我嘗試開始投稿、寫文章，集結出書，慢慢的，我成為所謂的暢銷書的作者。

後來，我竟然寫了五十本書，在海內外的銷售量，超過五百萬冊。

而我也知道，過去我「自我要求、天天寫日記」的習慣，就是我一生之中的最佳投資啊！

15

habit

朗讀，改變了我一生

訓練讓自己發光，把自我才華推銷出去

訓練讓自己發光，
不要等別人把你磨光。
找到自我興趣、全心投入，
才能讓自己發光發熱，發揮才華！

如果有人問我：「影響我一生最大的關鍵是什麼？」我會說，關鍵因素有很多，但是，「朗讀」絕對是影響我一生的最大關鍵之一。

年輕時，我考不上大學，我唸「國立藝專廣播電視科」。一年級時，我們必須修一門「國語正音」課。我是在鄉下長大，大部分是講台語，國語並不標準，所以老師就要求我每天要唸「國語日報」，多加朗讀、練習發音。

我，真的去訂了一份「國語日報」，每天同學都還在宿舍裡睡覺時，我就一個人拿著「國語日報」到空教室、操場，一個字、一個字，開口慢慢唸、慢慢練習。

有時候，若手上拿到一些宣傳單、或一篇文章時，我也會習慣性的開口、不斷的朗讀。在搭乘公車時，若沒有座位時，我站立著，手拉著拉環，自己也小聲的唸著車箱上的廣告文案。

在有座位時，我就坐在公車上，看著窗外的景色，以「摩托車、高樓大廈、電線桿、餐廳、摩登女郎……」為題，自己訓練即席演講，並且強迫自己，要持續講三分鐘，不能啞口無言。

後來，我又透過朋友的介紹，認識了中廣公司的最知名前輩、播音員「閻大衛先生」。閻大哥很熱心、熱情的教導我練習播音，而且指正我許多不正確的地方；甚至，他要求我朗讀文章，要用很慢的速度，一個字、一個字，很慢的唸，而且要把每個字、每個音發得很完全、很正確。

剛開始的時候，我覺得很無聊，幹嘛要唸這麼慢？我每個字都會唸啊！

可是，閻大哥嚴格的要求我——唸快沒有用，每個字都要唸得正確、聲音飽和、有快慢、有大小聲、有開始感、有結束感、有自然感、有輕鬆愉悅感……

閻大衛先生是最知名的播音員，他的聲音是「金嗓子」，他那麼熱情指導我，而且不收取分文酬勞，目的就是要我——一個積極渴望學習朗讀、播音的我，能夠真正學習到正確播音的精髓。

也因此，我每天都花半小時到一小時的時間，不斷的練習唸稿。我買了一個小三角架，上面夾著麥克風，不停的開口練習、錄音，也反覆聆聽自己的聲音。

後來，我到美國留學唸碩士，我每天也都花半小時，朗讀中央日報的海外版，讓我在海外讀書、唸英文時，也不忘記國語的朗讀、播音技巧。

碩士畢業後，我回到台北，沒考上台視記者，但是後來考上華視記者。我相信，這都要歸功於閻大衛先生過去對我的用心指導。而我也要說，我過去每天持續朗讀的努力，終於得到報償——我當上了電視記者。

多年後，我當了大學系主任，我寫書、演講，從一開始沒沒無聞，到書籍越寫越多，演講邀約也紛至沓來；從台灣、馬來西亞、新加坡、中國大陸、泰國、汶萊……我過去從來沒有想過——過去從每天朗讀國語日報、中央日報的男生，一生中竟然有這麼大的變化，也在海內外的華人世界中，前後受邀演講三千多場次。

所以，我說，「朗讀」改變了我的一生！

我們都要——**「訓練讓自己發光，不要等別人把你磨光。」**

找到自己的興趣，願意全心投入，自然會有貴人來幫助我們，也讓我們發光發熱、也把自己的才華，推銷出去！

16

habit

勤於剪報、分類歸檔，常加運用

人生不怕慢，只怕站；不怕不進步，只怕不起步

看到好的文章、名言佳句，
就把文章、故事剪貼下來，
並且加以分類、歸檔，
也用自己的方式說出來、寫出來。

從我唸國立藝專開始，我就開始學習「做剪報」。我每天在閱讀書報雜誌時，我都會用心的閱覽其中的內文。例如，我看到文章內容有一些話：

「金山、銀山，健康才是大靠山。」
「做人要幽默，日子才會好過！」
「只要有目標、有信心，黃土也會變黃金。」
「人生不怕慢，只怕站；不怕不進步，只怕不起步。」

很多的好話、名言佳句，我都是在平常閱讀時看到，就立刻把文章剪下來，並黏貼在A4的空白紙上。我把文章中的好話，用紅筆圈畫出來，並把文章分類，例如：「激勵」、「溝通」、「奇聞異事」、「笑話」、「男女溝通」、「失敗再起」……

我每天閱讀書報雜誌時，我都很期待，希望能看到很棒的文章，或是名言佳句，來鼓勵我、激勵我。而這些美好的內容，就是我的精神食糧，讓我開心、興奮不已。

同時，我也會把好的新聞故事，加上激勵人心的名言佳句，一起寫在文章之中，這樣，就可以鼓勵自己、鼓舞他人。

譬如，我在報紙中，看到中國大陸阿里巴巴集團創辦人馬雲先生，在澳洲新堡大學成立了一筆高達「6.4億台幣的獎學金」，創下該校校史上，獲得最多單筆慈善捐款最高的記錄。

為什麼馬雲要在澳洲新堡大學，捐款這麼多的獎學金呢？

馬雲說，他在十二歲時，經常在杭州的飯店外面尋找外國人練習英語；當時認識了正在中國旅行、來自澳洲的莫瑞（Ken Morley）一家人，從此以後，他們不斷保持寫信往來。

後來，馬雲在杭州師範學院唸書時，莫瑞更是每半年寄一張支票，金援馬雲求學時的生活費，一共寄出約 200 澳幣（約 4800 元台幣）。

1985 年，莫瑞首次邀請馬雲到澳洲旅行，但是七次的澳洲簽證都被駁回，馬雲幾乎要放棄了；但是在莫瑞不斷的鼓勵下，馬雲終於得到簽證，前往澳洲旅行。

馬雲說：「澳洲之旅，真正改變了我；若沒有在澳洲新堡停留二十九天，我永遠不會看見新的世界，永遠不會有像今天的新思考……」

馬雲成立「莫瑞獎學金計劃」，支持那些想看看這個世界，親身經歷它、用自己的腦袋創新思考的年輕朋友。

其實，澳洲莫瑞先生在2004年已經過世，其長子大衛在馬雲捐贈獎學金的儀式中，代表家屬致謝。大衛說，如果他父親莫瑞還在世，看到馬雲今天的成就，一定會感到無比的驕傲和感動！

我，從剪報、收集資料當中，讓我看到許多很棒、很精彩的真實故事、名言佳句，讓我每天在閱讀中，充滿許多絕佳的精神食糧。

當然，**把精彩的故事、新聞內容剪貼之後，還要分類、歸檔，讓自己知道——在哪個檔案夾中，可以找到自己辛苦收集來的剪報故事，並且加以運用！**

請記得——「懂得收集，還要懂得運用」，用自己的方式說出來、寫出來，才會是屬於自己的智慧與內涵喔！

17

habit

只要開口，就有機會！

只要勇敢請教，就會有好運發生

不開口、不請教別人，
自己怎麼能進步呢？
我們要學習——
「勇敢主動開口、請教別人。」

年輕時，我考了八次托福考試，終於一圓留學美國夢，獨自一人到威斯康辛州的 Milwaukee（密爾瓦基市）、Marquette 大學，念廣播電視碩士。

記得第一次上課時，我英文不好，聽不懂教授在講些什麼，更不知道怎麼寫筆記？怎麼辦？上課像鴨子聽雷，筆記也沒寫幾個字，怎麼辦？

下課時，我只好鼓起勇氣，找一個長得不錯、上課勤快寫筆記的美國女孩，走過去對她說：「我是 Charles，剛從台灣來這裡念書，今天是我第一次上課……我英文不好，上課無法寫筆記，可不可以借一下妳的筆記……」

這美國女孩不認識我，對我的要求，似乎有點面有難色。可是，我不放棄，又說：「對不起，麻煩妳了，我影印一下很快，就馬上還給妳……」

這時，這女孩對我說：「不是我不願意借你筆記，而是我的字很醜，我怕你看不懂！」

我說：「沒關係，我慢慢看、慢慢查字典沒關係！」此時，我順手把她的筆記拿起來一看，哇，真的是有一點醜，哈！

後來，這女孩說：「Charles，如果你真的要借我的筆記的話，這樣子好不好，我回家以後，幫你把筆記打字，過幾天再拿來給你，好不好？」

我一聽，哇，真是太感動了，差點跟她說：「我愛妳！」

你知道嗎，我這麼一個「主動的請求」，這美國女孩不是幫我打了「一次的筆記」，而是幫我打了「一學期的筆記」，也幫我度過我在美國語言最難適應的時候。

（當時個人電腦很少，她是用電動打字機幫我打筆記的）當然，也因為這個緣份，我們變成好朋友；在感恩節時，她也帶我去她家，與她家人一起過感恩節。

「只要開口，就有機會！」

「只要勇敢請教，就會有好運發生在我們身上！」

不開口、不敢請教別人，自己怎麼能進步呢？不是嗎？

18

habit

自訂「每日需做事項表」

有好想法、好做法，就會有好結果

我按照我的想法，
自做一張大表格，
要求自己「每天需做的事項」，
並督促自己，每天務必完成。

每個人都會有「惰性」，要做到「自律性」很強，是很不容易的。所以，在藝專廣播電視科唸書時，我希望自己能夠自律，就做了一個「每日需做事項表」，來要求自己每天訓練「基本功」。

例如，我是唸廣播電視科的，必須有好的「文筆」和「口才」，因此，我要求每天必須「寫日記、練習播音」。為了加強自己的英文能力，我每天必須「背英文單字」、「聽廣播英語」，也要抽出一些時間，來閱讀英文雜誌。

同時，為了鍛鍊自己的身體，我每天要強迫自己跑步、運動，或是做五十個仰臥起坐……

當然，每位老師交代的功課，做好了沒有？

看到好的文章，是否有剪貼下來？聽到好的名言佳句、好的觀念，是否有記錄、摘錄下來？沒有寫的、沒有記錄的，趕快動手記錄！

同時，在當學生時，我每天「記帳」，因為父母提供金錢讓我唸書，我每天花費哪些金錢？有沒有亂花錢，我都誠實的記錄、記帳。

在這張「每日需做事項表」中，我每天都會自我省思、自我檢討；哪些事情做到了，我就在表格上打個「✓」。如果今天看到每個格子上都打「✓」了，心情就很高興，因為今天自己過得很認真、很充實。

假如，看到該做事項表上是空的，就趕快強迫自己，抽出時間盡量去完成，不要讓自己沒有做到自律、該做的事。

心理學家發現，每一個成功的人士都有一個堅毅的性格，就是所謂的「3C性格」——

1. 自我控制（Control）
2. 自我承諾（Commitment）
3. 自我挑戰（Challenge）

這「3C性格」，就是自己要懂得自律、自我控制，要自我期許、承諾、自訂目標，勇往前進。

所以，**一個人要懂得「搞定3C」，人生才會笑嘻嘻啊！**

這張「每日需做事項表」，是我自己的想法與做法，我自畫表格一大張，自我省思、檢討，並督促自己，不要懈怠、懶散，每天要求自己做出一些成績，再去睡覺，這樣每天就會感到充實和開心。

有一個中興大學的研究所女生，來信告訴我——她在講座會上聽到我的這段演講，她回家之後，就按照我的方法，自己繪製一個屬於適用自己的表格，每天強迫自己做出一些必須做的事，結果，她做到了，也感到無比的開心！

所以，**有「好想法」，就要有「好做法」，最後一定會有「好結果」！**

每日需做事項表

______月

事項／日期	寫日記	背單字	練播音	聽英語廣播	跑步	簡報	看英語雜誌	記帳	寫作業	仰臥起坐
1	✓	✓	✓	✓	✓	✓	✓	✓	✓	✓
2	✓	✓	✓	✓	✓	✓	✓	✓	✓	✓
3										
4										
5…31										

（作者年輕時，自製的作息表格。戴晨志提供）

19
habit

用心聆聽、閱讀，學習別人的智慧珍寶

動機讓你開始，習慣讓你持之以恆

處處是機會，人人是良師。
只要我們願意——
用心聆聽、閱讀、觀察、記錄，
就可以學習到很棒的智慧！

有時候，我會去聽別的老師演講。我靜靜的坐著，認真的聆聽，也一邊用心的寫筆記。

而平常我在閱讀書報雜誌的時候，我也會仔細地看文章的內容；有好的名言佳句，我也會立刻記錄下來。例如——

- 「感動，是成交的開始；感動，也是彼此關係更美好的開始。」
- 「不要放手，直到夢想到手！」
- 「堅持去做對的事，人生值得傻一次。」

- 「今天會成功，是因為昨天做對許多事。」
- 「選擇，比努力更重要。」選擇錯了、方向錯了、做了不正確的事，那麼，再多的努力，都是沒有用。
- 「人生只有一次，我一定要全力以赴。」
- 「問題不在難度，而在態度。」
- 「人生沒有如果，堅持就會有好結果。」

其實，我在聆聽演講，或是在閱讀書報雜誌時，若看到很棒的文字、名言佳句、好的觀念，我就會拿筆記錄下來，也當成是學習到的「至寶」！想想，隨時能獲得「至寶」、「珍寶」，豈不是讓我們感到很快樂、很興奮、很雀躍？今天早上我看報紙，又學習到一句話——

- 「動機讓你開始，習慣讓你持之以恆。」
- 「人的態度，決定自己所走的道路。」

有時候，很多人會覺得——聽一場演講，並沒有什麼收穫；一天過去了，看了許多書報，也沒有什麼收穫？

可是，我會覺得，人要懂得觀察、懂得吸收別人的智慧、記錄別人的「珍寶、至寶與精華」。如果不懂觀察、沒有敏銳度，當然是沒有什麼收穫的。

「有心，是轉機的開始！」

懂得觀察、記錄，是Input的開始。但是，只有Input是沒有用的，要把這些智慧學習、消化、運用，並且用自己的方式說出來，才是Output，才是屬於自己的智慧！

所以，**「處處是機會、人人是良師！」**

只要我們願意用心聆聽、閱讀、觀察、記錄，就可以學習到很棒的智慧啊！

20

habit

多利用零碎的時間，充實自己

每天進步5%，我們就能邁向成功

改變，就是要敢變！
人，不能花太多的時間來傷心、怨嘆！
我們要告別「失敗與低潮」，
要每天努力進步5%。

有一名在台大醫院擔任「看護」的女性，在網路上寫來一封信：

「戴老師：目前我沒能力買書，但我很幸運的可以拜讀到你的幾本作品，因有位善心人士在台大醫院捐了好幾本你的書，我剛好有榮幸看到。我覺得書中內容對我很有幫助，也決定照你書中的方法去設定目標，並改變自己！

我不想和其他的看護一樣，做到六十歲還在做看護……最近，我在照顧病人時遇到一個機會，就是做直銷；我覺得這是一個很好改變我目前處境的機會，也試著讓自己有勇氣開口、與人溝通……我會照你書中的方法去做，也讓自己每天能進步5%……」

看到這位醫院女看護的信，心中有些感動。看護，是花時間、體力的工作，但她依然願意看書、進修，甚至主動上網與作者聯絡，並訂下自己生命的新方向，試圖改變自己的命運，而不是一直當看護工，直到六十歲。

改變，就是要敢變！

人，不能花太多時間來傷心、怨嘆！

想要擁有更好的生活，就是要改變，不能原地踏步。

你我，該擔心的是——「沒有目標，只求溫飽就好」的心態。

只要有目標，不斷利用零碎的時間學習成長，即使每天進步5％，我們就能日日新、日日興，天天開心啊！

後來，這女看護在網路上看到我的回應後，又來信：

「戴老師：上個星期，我曾照顧的一老伯伯，清晨去大安森林公園運動，不小心跌倒、暈倒，急救無效就過世了。他很積極想活下去、想做很多事，卻這麼就走了。

目前，我正照顧一名口腔腫瘤末期的病人，他已昏迷兩個星期了。在他還能講話時，他說，他很痛苦，可不可以請醫生開藥，讓他吃了可以早點走……我聽了，真的很心酸。

其實，他並不是真的不想活，只是他戰敗、投降了……想活的人，死了；不想活的人，卻死不了……戴老師，你要多注意自己的健康！」

看到這女看護的工作心情與溫馨叮嚀，真是令人感慨萬千。

人生就是無常。認真、努力、積極的人，不一定就會健康、長壽；可是，人生就是要演一齣精彩的舞台劇——**「要告別失敗與低潮，要每天努力進步5%。」**

因為，**「只要跨越挫折，成功就在那頭等我們啊！」**

21

habit

每天記錄最有成就的一件事

全心全意、快樂認真地活出每一天

每天把自己「最開心的事」，
或「最有成就的事」，
寫下來、記錄下來，
這樣，一年就有三百六十五件！

剛從馬來西亞巡迴演講六場回台，身體很疲倦，因為馬來西亞國土很狹長，從南馬、中馬，再到北馬，每個城市都需要舟車勞頓。

然而，即使身體再怎麼疲憊，我的心情是歡喜的、愉快的；因為，我受邀到各地與廣大的聽眾、讀者們分享，證明至少自己還是有用的，我的演講可以帶聽眾一些知識、歡喜、感動、省思、激勵，或是鼓舞大家繼續加油、進步……

有時，我看到有些聽眾，開著三、四小時的車子，一起前來聽我演講……

有時，我看到一位坐輪椅的女孩，媽媽說，女兒很內向自閉，不願意走出家門，不願意和別人說話、溝通；但是，今天我看到這坐輪椅的女孩，在家人的鼓勵下，來到了演講會的會場，也坐在第一排的最旁邊。

我看到她，在聽講時，十分專注。有歡笑、有沉思、有專注；我也看到她，自己拿起筆來寫筆記。

媽媽說，這女兒從來沒有出來聽過一場演講，也沒有自己寫過筆記。如今，媽媽很驚訝，女兒竟然願意在聽演講時，自動拿筆寫筆記。而且，我在演講時，發現這坐輪椅的女孩，有時會主動伸出右手，去握住坐在旁邊的媽媽的手……

有時，在演講會結束之前，我會邀請現場聽眾，主動站到台上來，分享今天聽講的心得，或是最受用的一句話。結果，經常有一、二十位聽眾，會主動舉手，站到台上來，勇敢的與大家分享學習心得。

而在學生的演講會場，看到男女同學都主動舉手，站到台上分享，我更是十分感動。尤其，會後，有些校長或老師跟我說——剛才主動上台分享的哪幾位同學，都是「第一次勇敢舉手，站到全校同學面前講話」，真是太不可思議了……

有一位朋友說，他有一個習慣，就是——自己準備了一本小簿子，把自己「每天最快樂」、「最有成就的事」，寫下來，記錄下來，至少一件；這麼一來，一年就有三百六十五件。

哇，這真是一個很好的好習慣。

每天，我們都有開心、快樂、不如意、難過的事。但是，如果我們都能夠有正面思考，忘記那些難過、不如意的事，而記錄下來開心、快樂、有成就的事……那麼，我們的人生，回頭一看，會是多麼美好、多麼快樂啊！

或是，在自己傷心、難過、挫折、失敗的時候，我們拿出來這本小簿子，把過去最快樂、開心、有成就的事，一個字、一個字慢慢唸出來……此時，我們會發現，自己傷心、難過、脆弱的心，逐漸的強壯了；也證明，自己是堅強的、有用的、不被擊倒的人。

所以，每天寫下一段——**「今天最有成就的一件事」（或最開心的事），讓自己充滿信心與勇氣，不被挫折、傷心、難過所打敗；這樣，我們就能夠以從容的步伐，全心全意、快樂認真的活出每一天！**

22
habit

隨時攜帶「待辦事項表」

時光匆匆，歲月無聲！
時光一下子，沒聲沒息的，
就悄悄溜走了，我們豈不能隨時警惕、隨時把握？

在馬來西亞的一場演講之後的簽書會中，看到一名讀者，他的手機背後寫著：

「余生很貴，請別浪費
時光匆匆，歲月無聲」

看到這些字，讓我的眼睛為之一亮，也心生警惕！

的確，人生是無價的，但也可以說是「很貴的」，我們都要隨時把握時間，去做對自己最有幫助、最有意義的事情。

也因此，我習慣自己每天都有一張——「待辦事項表」，讓自己知道，在當下，我可以做些什麼事情？要做什麼事情？

以前，曾有老師告訴我們：「要隨時知道『我正在做什麼』？」也要知道，「我會做什麼？……不會做什麼？」「我要做什麼？……不要做什麼？」

也因此，**我隨時記錄、攜帶「待辦事項表」，讓自己利用零碎的時間，把該做的事、該辦的事，趕快做完！**

有了「待辦事項表」，我心中就有依據，也知道自己該做哪些事情？不會讓自己茫茫然，一時之間，不知道自己要做什麼？以致讓寶貴的時間，浪費掉了！

當然，「待辦事項表」必須隨時更新——刪除已經完成的事情、加入新增的待辦事情。而這樣的「待辦事項表」，我就隨時攜帶在身上，也隨時利用時間，把重要事情儘快完成。

當然，現在很多人習慣在手機上面記錄——哪些事情待辦、未完成？不管你的方法如何？只要有「待辦事項表」的提醒，就是一件好事。因為——「余生很貴，請別浪費啊！」（余，可以是「我」，也可以是「餘」。）

「時光匆匆，歲月無聲！」時光一下子、沒聲沒息的，就悄悄溜走了！我們豈能不隨時警惕、隨時把握？

23

habit

看好自己、挑戰自己

隨時訓練自己、充滿信心與膽識

每一次的「看好自己、
訓練自己、挑戰自己」，
都可以讓自己越來越進步，
也越充滿自信、越來越開心！

記得在一次婦女集會中演講之後，我邀請台下聽眾主動上台分享「聽講的心得」，很多婦女紛紛上台排隊、陸續來分享。

我印象很深刻，一位媽媽動作很快，跑第一個上台！

她第一個拿著麥克風，有點喘噓噓的，一時之間，緊張的不知道要說什麼？

我問她，妳有什麼要跟大家分享嗎？

她紅著臉、結巴地說：「我……我也不知道要說什麼？……我女兒跟我一起來聽演講，也寫很多筆記……我剛才在台下，一直叫她上台，可是我女兒說，今天現場人那麼多，她不敢上台、不要上台……我一聽，我只好自己衝上來！因為……我如果自己都不敢做好榜樣、以身作則，勇敢上台，我哪有什麼資格叫我女兒上台？」

哇，聽這位媽媽這麼一講，台下的聽眾，立刻響起一片熱烈的掌聲！

這位媽媽真是令人感動！為了給女兒一個活生生的好榜樣，不畏別人的眼光，自己勇敢上台……

其實，我們都要學習——「看好自己，不要害怕、不要在意別人的眼光！」

我們都不是「十全十美」的人，但是，我們都可以學習，讓自己「追求盡善盡美」！

◆ 讀 者 回 函 卡 ◆

讓**戴晨志**老師的作品，陪伴您一起歡樂、成長。

寄回本卡，將可獲得戴老師的最新出版訊息。

購買書名：

姓名：________________ 性別：□男 □女

教育程度：________________ 生日： / /

職業：□學生 □公教人員 □服務業 □醫藥護理 □製造業 □電子資訊 □企業主管
□軍警消 □文化／媒體 □主婦 □農林漁牧 □自由業 □作家 □其他

E-mail：________________

聯絡電話：________________

聯絡地址：□□□________________

· 本書於哪個通路購買？

□博客來 □誠品 □金石堂 □晨星網路書店 □其他________________

· 想要購買此書的原因？

□戴晨志老師的忠實讀者 □於________書店尋找新知時無意中發現

□親朋好友掛保證推薦 □受文案及內容吸引 □看__________網路平台分享介紹

□其他編輯萬萬想不到的過程：________________

· 本書最吸引您的是哪一篇文章或哪一段話呢？________________

____

· 對於本書的評分？（請填代號：1. 很滿意 2.OK 啦！ 3. 尚可 4. 需改進）

封面設計______ 版面編排______ 文字內容______ 其他__________

· 您其它與眾不同的閱讀品味，也請務必與我們分享：

□文學／小說 □健康／醫療 □科普 □自然 □寵物 □旅遊 □生活／娛樂 □心理／勵志
□宗教／命理 □藝術／技藝 □財經／商管 □語言／學習 □親子／童書 □兩性／情慾 □其他

____

· 請寫下閱讀本書的心得、建議或想對戴老師說的話：

____

____

____

____

晨星出版有限公司 編輯群，感謝您！

每一次的「看好自己、訓練自己、挑戰自己」，都可以讓自己越來越進步、越充滿自信、越來越開心。

如果我們沒有信心、不看好自己、深怕別人異樣的眼光、害怕別人的閒言閒語，我們就不敢表現自己，也就不能讓自己嶄露頭角！

「看好自己」，是自信的表現、是樂觀的表現、是勇敢的表現、也是積極向上的表現。

只有勇敢的「看好自己」，才能訓練自己充滿「信心與膽識」，也才能讓自己「被看見」！

24

habit

記住一二，忘記八九

記住自己的優勢與才華，別懷憂喪志

人生不如意的事十之八九，
但，至少還有「一二」是好的。
我們要常常記住「一二的好」，
這樣，人生才會快樂啊！

有一天，我的朋友從英國回台，我開車接她在台北市郊區兜風、逛逛，也在車上聊天、敘舊。

台北市夏天很熱，車子剛好經過一家超商，我就下車買冰棒請朋友一起吃。當時，天氣很熱，我就小跑步地跑向超商門口；沒想到心裡太急躁了，不小心跌了一跤，而且是重重地，整個人跌趴在水泥地上！

天哪，當時我的眼鏡竟然跌斷了，而且，鮮血不斷的從我的鼻梁上方流出來！同時，我的額頭、雙腳膝蓋、雙手手肘，也都磨破皮，鮮血直流。

我拿出褲袋中的衛生紙，暫時按住鮮血，也跑進超商買冰棒，然後再回到車上陪我朋友開車、聊天！

原本以為沒有什麼大礙，後來，自己覺得狀況不對，送我朋友回家之後，我趕緊開車到醫院掛急診，請醫生幫我處理許多的大片傷口。

後來，我的額頭、鼻梁、手肘、雙膝蓋，都被醫生用紗布包紮起來；回家之後，家人說，看起來很可怕喔……

而且，這些傷口，過了好長的一段時間，才慢慢恢復！

此時，我想到一句話：「人生不如意的事，十之八九。」

的確，人生哪裡有什麼事情都是一切順遂的？總是有許多挫折、失敗、難過、不如意……考大學失敗了、求職找工作失敗了、追求女朋友被甩了、在職場上與上司意見不和，吵架了；在家庭中，與親人、家人看法不同，彼此有衝突了……

真的，生活上不如意的事情太多了，數都數不完！

前一陣子，我受邀在馬來西亞新山的大東方保險公司演講。演講之後，我請在場的聽眾朋友、保險公司的同仁，勇敢上台，分享今天聽講的學習心得。當時，好多人勇敢舉手上台。其中，一個女孩拿著麥克風，站在舞台上，勇敢的對台下的聽眾們說：

「我今天學習到一句很棒的、戴老師說的一句話：

『人生不如意的事，十之八九；

要記住一二，忘記八九！

因為，記住一二，才會快樂！』」

真的，人生不如意的事，十之八九都是不好的、挫敗的、跌倒的、難過的，但是我們還有一二是好的、開心的、歡喜的；也有部份才華的、被人欣賞的、有優勢的、有長處的……我們絕對不能對自己失去信心、對自己懷憂喪志、跌倒不起。

如今，我的額頭、手肘、膝蓋的傷口，都已經復原了；鼻梁上方原本凹陷的傷口，也慢慢的長出肉來，已經看不出凹陷的痕跡。

人生，只要努力、不洩氣，勇敢積極大爭氣，一切痛苦都會過去。因為，「痛苦會過去，美麗會留下！」

所以，我們要養成心理的好習慣——

在挫折時，告訴自己：「**人生不如意的事，十之八九；但是，要記住一二，忘記八九！**」

「**因為，常常記住一二，才會快樂啊！**」

Ch. 3

凡事主動，才不會掉入黑洞

25

habit

成敗靠用心、輸贏靠細心

做事小心、謹慎，才不會鬧出笑話

用力，自己知道；
用心，別人知道；
細節，成就完美；
認真，榮耀一生。

在一場激勵講座中，一位主持人拿著麥克風，對現場三百多名的保險業務同仁說，今天戴晨志老師的演講題目是：

「邁向成功——

人生沒有希望，堅持就會有好結果！」

主持人一邊講，現場二個投影布幕，也打出了這個「演講題目」。

我坐在現場，聽到、看到這一幕，不禁嚇了一大跳，全身冒冷汗……

天哪，怎麼會是這樣？怎麼主持人會這麼唸、這麼講？怎麼投影布幕會打出這樣的「演講題目」？

難道主持人都沒有發現，這個題目「語意」有問題？而且，唸起來很難唸、很拗口？

主持人一邊講著，講到後來，投影布幕又出現了不同設計、但是相同的演講題目——「人生沒有希望，堅持就會有好結果。」

隨後，當主持人邀請我上台演講的時候，我請主持人把這張投影布幕「定格」，也特別對台下聽眾說道：「我們做任何事情，都要很小心，不能太隨便、出了差錯！……大家看，投影布幕上說，我今天的演講題目是——『人生沒有希望』，奇怪，人生怎麼會『沒有希望』？……沒有希望，今天大家還來聽戴老師演講幹什麼？……今天，我的演講題目是——『人生沒有如果，堅持就會有好結果』……不是『人生沒有希望』……」

我講到這裡，台下的聽眾，每個人都已經笑成一團了！

而主持人站在一旁，也很尷尬的，紅著臉，一副不知所措的樣子……

當然，這個錯誤，不是主持人的錯，是公司設計電腦 **ppt** 的同仁的錯！可是，這個講題，是我的一本書的書名，也是公司指定我的演講題目；雖然設計電腦 **ppt** 的同仁今天不在，但主持人在事前，應該先看一下，看一看、唸一唸這個講題對不對？是不是有問題？是不是打錯了？……

「人生沒有如果」，的確，講題稍不用心、不小心，就會打錯字，也鬧出大笑話！

「如果」事先多用心、多謹慎、多再確認一下，就不會出錯了！……可是，人生真的沒有「如果」啊！人生，也沒有後悔藥！

所以，**「用力，自己知道；用心別人知道！」**

凡事要用心、謹慎、小心，不厭煩的，再次確認一下，才不會出錯、不會鬧笑話；嚴重的話，還可能鬧出更大、更無法收拾的大問題啊！

26

habit

用心練好外語，創造職場新契機

加強外語能力，是找工作的最佳利器

寧可辛苦一陣子，
不要辛苦一輩子。
突破今天的舒適圈，
才能擴大明天的舒適圈。

多年前，我應邀到天津市一家台商公司演講；用過晚餐後，接待人員帶我到附近的南開大學散步。走在校園裡，暗暗的，我看到旁邊一個湖，湖上有座橋，橋上有很多學生，男男女女聚集在那裡。

我搞不懂，這麼晚了，這些男女生擠在橋上，到底在做什麼？身旁接待人員告訴我——「他們是在練英語！」

「天啊，練英語？」

「對，這些學生沒有錢上補習班，他們互相約定，上了這座橋，就要彼此用英語交談，來增進自己的英語能力……」

這時，我的心中突然震撼了一下。我們的學生，生活太優渥了，向父母伸手要錢，說要去補習英語，可是去沒幾次，就懶惰了，就翹課了、不去了！英語學再多年，最終還是沒能學好。

幾年前，當我的母校美國奧瑞崗大學副校長張春生博士，來台灣開會、參訪時，我告訴他，我在天津南開大學親眼所見的情景。

他聽我說完後，突然很興奮地對我說：「戴老師，你知道嗎，我就是那所學校畢業的。我們唸書時，沒有錢上補習班，我們每天都是在那個橋上練習講英語……那個湖，叫『馬蹄湖』，每天早上、晚上都有許多學生在馬蹄湖的橋上練英語……」

哇，我一聽，真是好感動！人家是如此認真、用心，每天苦練英語的啊！

你可以找志同道合的朋友，像馬蹄湖橋上的男女學生一樣，相互約定「用英語交談」。當然，都是華人，要相約講英語很難；但，這就是一個誓言、一個決心、一個具體行動，否則怎能進步？

此外，主動參加英語演講比賽，強迫自己訓練英語。

一切事情，用想的，都會覺得緊張、害怕；我們就是要實際去做，去參加英語演講比賽，去克服難關！因為，「要控制困難，才不會被困難所控制。」

或者，「嘗試寓學習於娛樂」——常看外語電影，聽外語歌曲，自己也時常閱讀外語小說，自然而然，語言能力就會進步，並且試著開口講英語。勇敢跨出去，才能進步啊！

所以，我們——「**寧可辛苦一陣子，不要辛苦一輩子！**」

突破今天的舒適圈，才能擴大明天的舒適圈。

用心練好外語能力，才能創造職場新契機啊！

27

habit

主動親近、認識成功人士

懷念恩師鄭貞銘教授

年輕時，我在一場演講之後，
主動請教、認識鄭老師，
沒想到，鄭老師卻成為——
改變我一生的「大恩人、大貴人」！

在我唸國立藝專二年級時，我記得很清楚，九月一日記者節，我去聽了一場演講，主講老師是新聞界知名前輩「鄭貞銘教授」。

事隔多年，鄭教授演講內容是什麼，我已經記不清楚了。不過，我記得，鄭教授演講之後，我趨前去向他請教一些問題。鄭教授人很親切地回答我的問題，之後，我們也有電話聯絡。

其實，鄭教授比較喜歡學生們稱呼他「鄭老師」，這樣，也比較親切。

後來，鄭老師有一次問我有沒有時間，幫他整理一些資料？我當然很開心的答應了。

在鄭老師的家裡，我看見鄭老師做學問的認真態度。

鄭老師每天閱讀許多報紙，也把重要的新聞內容做剪報、分類、歸檔。所以，鄭老師有一大片書架牆，都是新聞剪報的詳細資料、分類與歸檔。

而且，鄭老師有每天寫日記的習慣。他的文筆很快，把每天的重要事情記錄下來，甚至，把重要人士的往來信件，都黏貼在日記簿內。這麼一來，以後有什麼回憶，都可以從日記簿內找到重要訊息。

後來，我藝專畢業、當兵退伍之後，鄭老師擔任「大眾傳播教育協會」的秘書長，他詢問我，要不要擔任協會的「執行祕書」？

說實在的，過去大眾傳播教育協會的執行祕書，都是傳播科系的研究生在擔任，而我，只有三專學歷，是不夠資格的。但是，因為鄭老師看得起我，認為我有能力來擔任這個工作，所以我也欣然答應了。

在擔任協會執行祕書期間，我的工作必須與各大專院校傳播科系聯絡，也與新聞傳播業界的主管聯繫，也因此，我認識了各傳播科系的系主任、教授、報社總編輯、電視台高層主管……

我的工作，除了聯絡這些傳播界人士之外，也到各大專傳播科系辦演講、聯誼活動，所以認識了許多前輩與人脈。不過，鄭老師知道我三專的學歷不夠，所以不斷鼓勵我出國進修，拿到更高的學歷。

當我從美國拿碩士學位返台、在華視擔任電視記者時，鄭老師常常打電話鼓勵我，也常約請我一起吃飯，聊聊我的近況與新聞時事。

而當我從美國拿到博士學位返台，在世新大學擔任系主任時，鄭老師也經常主動與我聯繫。鄭老師不是在課堂上親自教過我的老師，只是我去聽了他一場演講，沒想到他卻是「改變我一生的老師」。

有一次，他用毛筆親筆寫了一幅書法給我，上面寫著：

「生命沒有回程票，
親情沒有隔夜仇。」

這句話，寫得真好、真棒，我也拿來與讀者們分享。

當有人批評我、讓我心情難過時，鄭老師在餐桌上對我說：「晨志啊，一顆樹要不是果實纍纍，怎麼會有人拿石頭去丟他？……死狗是沒有人踢的……不要在意別人的眼紅、批評，你就是表現很好，才會有人批評你！你要勇敢做自己……」

鄭老師的一番慰勉、鼓勵的話，讓我十分感動，也重燃自我信心！

另有一次，鄭老師親自來我辦公室坐坐、聊天，他竟然送我一套總統肖像的金幣！金幣外盒上，鄭老師親自寫著：

「感恩懷恩恩不斷，
飲水思源源不絕！」

鄭老師贈送我這一套總統肖像金幣，又幫我提字，讓我十分感動，也十分慚愧！

年輕時，我在一場演講之後，主動請教、認識鄭老師，沒想到，鄭老師卻成為改變我一生的「大恩人、大貴人」！

鄭貞銘老師已經離開人世一年多！在他逝世一周年時，還有二百多位傳播界、新聞界人士，以及鄭老師多年的門生弟子齊聚，一起緬懷他，也讓我追思、感念不已……

28

habit

準備越多，好運也越多

做好萬全準備，好運就會降臨

人生不怕沒機會，
只怕沒準備！
用心提早準備，
就能避免突發的意外。

二十多年前，我把大學系主任的教職辭掉，所以「寫作、演講」就成為我的主要工作。我沒有經紀人，我一個人靜靜的寫書，一本本的出書；同時，許多公司行號、政府單位、各級學校、海內外的公司……都陸續邀請我演講、分享。

早期，演講使用的投影機很少，但是為了讓我的演講，有更吸引人的視覺效果，所以我買了昂貴的投影機。現在，投影機逐漸普及，價錢也慢慢降低，投影亮度也逐漸提高，所以投影效果也越來越好。

算一算，這約二十年來，我已更換、購買了五台投影機；因為，攜帶型的投影機，需要「重量輕巧、流明亮度高」，投影的畫質才會清楚、漂亮。

也因此，每次演講，我都自備電腦、投影機，以及相關的線材、小音箱。我只要主辦單位給我一個桌子、一條延長線、一個投影布幕，我就可以把電腦、投影設備全部搞定。

很多演講主辦單位跟我說：「戴老師，我們演講會場有投影機設備喔，你不用再帶投影機來！」

可是，當我到現場一看，投影機的年代老舊、畫質不清晰、不明亮、不漂亮，甚至，麥克風音響很差，聲音斷斷續續……

真的，當時我的心裡會很沮喪；但，沒關係，至少我自己還準備了一套電腦、投影機，只要接上電源，不到三、五分鐘，我就利用我自備的投影設備，全部搞定。

有一次，我受邀到一家賣投影機的公司演講。在他們的演講廳中，我比較了他們的投影機與我的投影機。我發現，雖然他們的天花板上有吊掛著他們廠牌的投影機，但至少五、六年沒有更新了，所以投影機畫質比我的投影機差。也因此，我堅持使用我的投影機。

在現場，他們的大主管臉色很不好看，認為他們是賣投影機的廠商，為什麼我要用「其他廠牌的投影機」？

我說，我今天是講師，我要求「投影機的畫質與視覺效果」！而且，我自備的投影機效果比貴公司的效果好，我沒有理由使用貴公司效果比較差的投影機。因為，貴公司雖然天花板上有投影機，但已經多年沒有更新了；現在科技進步很快，我當講師，我隨時都在更新最新、最亮、最漂亮的投影機，貴公司的投影機需要更換、更新的了⋯⋯

這大主管的臉上，滿是不悅的表情，但我還是使用我自備的投影機。

有許多講師，前往演講時，只準備一個「隨身碟」；可是，自己的隨身碟放到別人的電腦，常常發現「不相容」的狀況，以致電腦畫面出不來，而講師有在台上面紅耳赤、急得像熱鍋上的螞蟻，不知如何是好？

俗話說：「不怕沒機會，只怕沒準備。」

演講，既然是我的工作與專業，我就要把自己需要用的設備、器材準備好。當然，主辦單位的設備，若比我的設備還好，我就使用現場的設備；如果現場的設備比我自備的器材還差，那麼，我自己準備的器材就能派上用場。

我相信──**「準備越多，好運也越多。」**

所謂「好運」，就是──當機會來臨的時候，我已經做好萬全的準備了。

29

habit

人生處處都是機會，要勇敢去創造

勇敢開口，主動創造機會

勤能補拙，
只要不斷練習，就有好運降臨！
沒得名，並不羞恥；
敢上台，就是勝利！

最近，是畢業典禮的季節，許多大學都相繼舉行畢業典禮。我沒有唸大學，只唸國立藝專，三專，所以畢業典禮時，沒有穿過「學士服」，只是穿一般的大學服。

藝專一年級時，我主動參加新生盃演講比賽、詩歌朗誦比賽，但都沒有得名。雖有遺憾，但是我把它當作「學習經驗」；往後，每當有演講比賽的機會，我也繼續參加。

藝專三年級時，我拿到全校演講比賽「第一名」，也拿到全臺北縣大專杯演講比賽「第一名」。我很高興，畢竟這是我每天朗讀報紙、文章，也站在空教室，或是操場司令台，不斷練習的美好結果。

畢業典禮前，我想為自己留下人生特別的經驗，我就到訓導處對當時演講比賽的女承辦老師說：「畢業典禮快到了，假如『畢業生致答辭代表』沒有更特殊的人選，我願意擔任『畢業生致答辭』的代表……」

女承辦老師看著我，對我笑一笑，說：「好，我來考慮一下！」因為，她知道，我當時是國立藝專全校演講比賽的第一名，理當有資格擔任這項任務。

幾天後，女承辦老師通知我，訓導處大家開會同意，由我擔任「國立藝專畢業典禮畢業生致答辭代表」。

當然，我很興奮，也很努力準備。當年，畢業典禮是在台北市的「國父紀念館」舉行，我代表全體畢業生，向校長、老師們致謝——感謝師長們三年來的辛勞與教導。

我從來不諱言，我沒考上大學，只有唸三專。因為，我相信——

- 人生處處都是機會，要自己勇敢去創造。
- 勇敢開口，主動創造機會。
- **勤能補拙，練習、練習、再練習，就會有好運降臨。**
- **沒得名，並不羞恥；敢上台，就是勝利！**

30
habit

心中要有一些話語，激勵自己

心中有個大目標，千斤重擔我敢挑

我們心中要有一些話語，
做為我們的精神食糧；
在我們心情低潮時，
這些話語，會幫助我們度過難關。

人生在生活、職場中，一定會有很多挫折、不如意；有時，我們不能靠別人來幫助我們，有時，也不會有人來安慰我們。此時，我們自己心中就必須有一些話語，來幫助自己度過難關。

例如：「人生沒有過不去的事情，只有過不去的心情。」

趕快轉個念吧、換個心情吧！事情沒有那麼困難，也沒有糟糕，我們換個開心、愉快、包容、同理心的心情來處理，可能心情就會更加美好，事情就會有轉機！

「心不難，事就不難！」
「事以急躁而敗之，十之八九。」
「人輸在起跑點沒有關係，但不能輸掉學習的認真態度。」
「希望不會放棄你，只有你會放棄希望。」
「柔軟低頭，就沒有跨不過的矮門。」
「寬恕，是互贈的美好禮物。」
「不計較，才會有歡笑。」

多年來，很多話都深印在我腦海裡，心情難過、憤怒、挫敗時，我就把這些話，拿出來反芻一下、在心中默唸一下。這樣，我們的心情就會慢慢釋懷、得到幫助與提升，甚至讓自己的心情「反憂為喜」。

所以，每天早上起床，我口中就會默唸——
「心中有個大目標，千斤重擔我敢挑；
心中沒有大目標，一根稻草折彎腰。」

每次唸完這些話語，我的心情就會更加開心、更加充滿歡喜，也讓自己帶著喜悅的心情出門，也相信自己今天一定會有好運！

前一陣子，我到新北市一所公立高中演講，在演講之後，我請同學們主動出來，背一句今天聽講最受用、印象最深刻的一句話。在20秒中之內，就有十多名男女同學主動出來……

其中一名男同學，拿著麥克風，面對全體同學，慢慢的說：

「吾心信其可行，則雖……移山填海填海之難，終有……成功之日；吾心信其不可行，則雖……反掌折枝之易……，亦無……收效之期也。」

哇，這男同學一斷斷續續的背完這句話，全場同學都抱以熱烈的掌聲！的確，這很不容易。

因為，這是我在演講中，告訴全體同學們，這句話是國父孫中山先生所講的一句話；我在年輕時，每次參加作文比賽，我都把這句話寫出來，每次都拿第一名（不管是出什麼題目），哈！

沒想到，這男同學，竟然立刻把這句話記下來，也硬背下來；而且，剛好我請同學們主動出來背一句話，而他就把這句話，站在台前，全部背出來，也贏得全體同學的如雷的掌聲。

真的，我們心中要有一些話語，做為我們的精神食糧。在我們心情低潮、挫折時，這些美好話語，會幫助我們度過低潮與難關！

31

habit

自立自強，走出自我困境

困難、困難，困在家裡萬事難

人常常被過度保護，而變得依賴、不知自立，也缺乏「挫折容忍力」，以及「行動意志力」。

在美國唸博士班時，常搭飛機來回美台兩地。

有一次，我匆忙地趕上台北飛往舊金山的班機，找到座位後，發現身旁已經坐著一位三十來歲的小姐。她身穿長褲，對著我微微一笑。

漫長的飛行，途中我和她閒聊。她說，小時候家窮，父母又離異，所以國小畢業後，就沒再唸書，只好跟人家學做裁縫。二十多年過去了，現在經濟能力好轉，雖然想多唸點書，可是沒學歷，不能唸大學，於是只好趁暑假時間，到美國唸暑期美語學校，並藉此拓展視野。

這小姐臉龐清秀，不疾不徐地對我說：「我們客家人有一句諺語——『窮人莫斷豬，富人莫斷書』；我啊，現在不是窮人了，但也不是什麼富人，只是覺得自己必須『多讀點書』……畢竟人生不像錄影帶，可以『倒帶重來』，所以我希望儘可能地多充實自己！」

聊著聊著，飛機已經飛行了二個多小時，這時，她禮貌地對著坐在走道旁的我說：「對不起，可不可以借我過一下，我想上洗手間？」

「噢，好！」我說，隨即起身讓她走過。

只見這小姐用手扭轉一下長褲裡的硬硬東西，然後慢慢地站起來……她一跛一跛地、緩緩地從我眼前走過，再跛著腳，走向前端的盥洗室。

天哪，身軀嬌小的她，竟是一位「小兒麻痺患者」，她寬鬆的長褲裡，裝著的是，支撐她站起來走路的「鐵鞋」。

當她走回座位時，我對她說：「妳可以請空姐幫妳安排前面好一點的座位啊！」

「不用啦，我已經習慣了，這小問題難不倒我。」她笑笑地對我說：「到美國唸書三個月，要自己解決的問題還很多呢！」

人常常被「過度保護」，而變得依賴、不知自立，也缺乏「挫折容忍力」！

殊不知，人在生活中「面對問題」，就如同家常便飯一樣，天天會碰到，如果只是一味逃避、不懂得自我克服，就會被挫折所擊倒。

所以，我們都要自立自強、勇敢走出自己的人生。

「困難、困難，困在家裡萬事難，出路、出路，出去走走就有路。」

我們都不能依賴父母，我們都要有堅強「挫折容忍力」與「行動意志力」，做出最棒的自己！

32

habit

隨時訂下計劃與目標，讓自己使命必達

盯看自我生命中的北極星

一個人，心的溫度，
由自己決定；
心在哪裡，
行動力就在那裡！

到高山上旅行，或是在國外旅行，在無雲的夜空中，總是會看到無數的漂亮星星。有北斗七星，有北極星……

在浩瀚的星球中，因地球自轉又公轉的關係，北極星是不動的；所以，即使北極星不是特別亮，但古代的航海人，都會把北極星當作「定方位、找北方」的一顆星。

有一位美國猶太裔的小提琴家，回憶在四歲學小提琴時，老師提醒他：

「To play good violin, you must set your eyes on the distant star.」（要學會拉好小提琴，你必須專注盯看著遠方的星星。）

當時，幼小的他完全不懂這句話的意思。後來這名猶太小提琴家長大、出名之後，有德國團體邀請他去演奏；他在猶豫、考慮之後，答應了。可是，許多猶太人排山倒海地反對他去為德國人演奏，因為在二次大戰時，納粹德國慘絕人寰的殺害成千上萬的猶太人，怎能受屈辱為殺人兇手與後代來演奏？

然而，這名小提琴家力排眾議，堅持到德國演奏。當他站在舞台上拉出巴哈、貝多芬、舒伯特等的美妙曲子時，台下的德國聽眾都感動得掉下眼淚。沒想到過去被納粹軍隊殘害的猶太人後裔，竟然把德國音樂家的曲子詮釋如此完美。而過去多少有才華的猶太人，卻都慘死在納粹德國無情的槍彈、毒氣室之中。

在那場小提琴音樂會中，小提琴家的眼睛，全神貫注地「盯看著遠方的星星」；他知道，這是他的使命！

雖然過去他無數的猶太人同胞，被槍決、送往毒氣室、或橫屍遍野，但是他身為一名小提琴家，願意透過音樂的旋律，遠眺「黑暗中的北極星」，來做一名上帝派來的「和平使者」，並化解猶太人與德國人累積數十年來的血海深仇。

這時，我慢慢感受到這句話——「To play good violin, you must set your eyes on the distant star.」在我們的生命中，我們是否也都需要「eyes up」，去尋找我們「生命中的北極星」？

我們生命中的，「最重要的北極星」是什麼？我們最想努力完成的目標是什麼？

以前，我只唸國立藝專，但我想出國唸書、拿碩士學位，我經過無數的困難與波折，我做到了；我想當電視記者，後來我努力爭取，我也考上了。我想到美國唸博士學位，我經過三年的努力，我也做到了！我想寫書、成為暢銷書作家，我也做到了。我想，四處演講，與聽眾分享，我也在海內外演講三千多場次……

「Eyes up!」是我讀高中時，《遠東英文讀本》中的一篇文章，但也告訴我們——在我們的生命中，都要學習「盯看生命中最重要的目標與信念」！我們都要隨時記得，我們「生命中的北極星」是什麼？

一個人，心的溫度，由自己決定！
心在哪裡，行動力就在那裡！

我今天的計劃是什麼？近程計劃是什麼？中程目標是什麼？遠程目標是什麼？隨時保持「盯看生命中最重要的北極星、eyes up 自己的目標，積極往前跳躍、衝刺」，我們就能夠使命必達、美夢成真！

33

habit

主動幫忙、主動請教

凡事主動，給別人留下美好印象

人，可能因一個主動幫忙，
給別人留下一個深刻的印象，
造成美好的因緣，
而改變一生的際遇。

有一次，在一場高級工業學校演講時，發現一位坐在第一排中間的男生，聽講的眼神十分專注，也不時的露出微笑，同時也不斷的寫筆記。

其他，大部分的學生，秩序雖然還不錯，但是這場演講，是學校指定班級學生來聽演講的，所以有些學生並不是那麼專注、用心。

演講結束之後，坐在前面第一排的那位男生，主動到我前面來，問我說：「戴老師，我能夠幫忙您什麼嗎？」

我說：「你可以幫忙我把電腦、投影機的電源拔掉。」

後來，我整理好電腦、投影機之後，這位男生詢問了我一些問題，也對我說：「戴老師，我幫你拿行李箱……」

這男生很熱情的幫忙我拿電腦、投影機的行李箱，而學務主任也陪著我，一起走到停車場。

在途中，主任對我說：「這個學生很棒，很優秀！他的班級原來沒有被安排來聽演講，但是他知道戴老師要來演講，就來找我，一直請求我能讓他來聽演講。後來我徵求他的老師的同意，就讓他來聽演講。」

我說：「是啊，他聽演講時，態度非常認真，也不斷寫筆記，又主動開口問我需不需要幫忙……這麼主動的學生，現在真的很少了！」

現在的大學生，一下課，就鳥獸散，有人忙著滑手機，有人忙著聊天，有人忙著趕去打工，有人急著趕赴約會……

您知道嗎，一個老師如果上完課、或演講結束，他好累，但是他仍然希望有學生來問他問題、請教他！只要學生有心來請教老師，老師再怎麼累，也都會樂意為學生解答，也會為這態度誠懇、虛心學習的學生，留下深刻的印象！

然而，有時候，我會覺得失望、覺得孤單。

因為，現在主動開口、主動請教、主動幫忙的學生，實在不多啊！

曾經有一些在媒體或電視台工作的朋友問我：「小戴啊，有沒有一些不錯的學生可以推薦給我啊？」

我想了一想，很遺憾的回答：「學生是有啦，但是令我印象深刻、虛心學習、主動請教、值得推薦的好學生，並不多……」

也因此，我告訴學生：「勇敢開口、主動請教、主動幫忙，非常重要！」

人，就是可能一個主動請教、主動幫忙，給別人留下一個深刻的印象，而改變一生的際遇。

而且，**美好的因緣與機會，也很可能在你意想不到的時候，悄悄降臨！**

34

habit

有好想法、好點子，立即行動

養成「即知即行」的好習慣

一小時的實踐，
勝過24小時的空想；
上半輩子不猶豫，
下半輩子才會不後悔。

最近來到馬來西亞吉隆坡，聽到一位中年女性讀者跟我說，她每天早上五點就起床，五點半開車出門，六點之前到一個大公園裡，參加「打氣功」。

她每天都是如此，也告訴自己，不能偷懶、不能懈怠，一定要堅持下去；所以，除了下雨天之外，她都早上準時出門、準時抵達公園，學習打氣功。也因此，讓她的身體變得很健康，沒有生病。

我也聽到一個保險業的主管朋友說，她最近喜歡上攝影，可是為了讓自己的攝影技術更進步，在忙碌之餘，她每週一晚上，都還要去上攝影課，聽老師講解、批評、指導，也經常攜帶專業攝影機，隨時練習拍照。

同時，她也喜歡插花，所以每週也抽空一次，去參加插花班，與同好一起歡喜的學習「插花技藝」，也結交許多好朋友。

不管學習打氣功、慢跑、健走、學習攝影、插花、練習鋼琴、跆拳道、參加公務人員考試、托福英文考試，或報名參加各項比賽……我們都要有想法、有行動，用意志力「開始出發」！

以前年輕時，我想到美國留學，我參加托福考試，一次一次的失敗了，但我沒有灰心，因為，至少我出發了、我行動了；我沒有只有空想，而不行動、不出發！

即使第三次、第四次、第五次都失敗了，也沒關係，還是朝著自己的目標，繼續前進。

的確，有時人會勞累、疲倦，有時會充滿挫折感、會心灰意冷，會想稍微偷懶一下……但是，有些人，只要有好點子、好構想、好計劃，就會迫不及待的立刻去行動、去執行。因為，若不行動，他會覺得人生沒有意義、好失落；有好構想，趕快去做，心裡就會覺得好落實、好快樂！

所以，**成功不是靠「夢想」，而是靠「實踐」！**

「夢想」二字，拆開來，就是一個「夢」——白日夢；「想」——空想。

所以，「一個小時的實踐，勝過24小時的空想。」

有點子、有想法，就要讓腦袋「立刻出發、立刻行動」。

因為，「上半輩子不猶豫，下半輩子才會不後悔！」

35

habit

腦袋「知道」，腳還要「做到」

一小時的實踐，勝過一輩子的空想

坐而言，不如起而行。
我們「腦袋知道」，
「腳卻做不到」，
就是一個無法實踐的「空想」。

有人問：「世界上，最遙遠的距離是什麼？」
就有人回答：「是我站在你面前，你卻不知道我愛你！」
哈，這回答就有點老套了。
也有人回答：「是我坐在你旁邊，你卻一直在滑手機……」
哈，這個回答，似乎比較趕上時代潮流！
不夠，也有人回答說：「世界上最遙遠的距離是——從頭到腳！」

哇，這回答，就有點學問、有點哲學了。為什麼是「從頭到腳」呢？因為，人，常常「腦袋知道」，但，「腳卻無法行動、無法跨出去」。

的確，我們往往都知道應該做什麼——該寫功課了、該練習英文了、該練習彈琴了、該全力準備考試了、該起床了、該主動拜訪客戶了……可是，我們常常腦袋都知道該做什麼，而我們的腳，卻無法積極、主動的跨出去、無法立刻行動！

所以，古人才會說：「坐而言，不如起而行。」

我們「腦袋知道」，「腳卻做不到」，就是世界上最遙遠的距離了。

我自己也常常有這樣的壞習慣，只有「空想」，卻不知道去「行動」。

所以有人說——「成功不是靠夢想，而是靠實踐！」

空想，沒有用！勇敢跨出去、腳踏實地去做，才能一步步邁向成功。

我常常坐在電視機前面，一直看電視，甚至看到睡著了。可是，我也曾經勇敢把電視機關掉，趕快去做自己該做的事情。哇，一個小時下來，我已經做了很多事情了。

有時，我也帶一些該做的事情，到麥當勞，點了一份飲料，靜靜的坐在一個角落，一小時下來，我也寫了一篇稿子，也整理了很多資料、筆記。

所以，「一小時的實踐，勝過二十四小時的空想！」

甚至，我們也可以說——**「一小時的實踐，勝過一輩子的空想啊！」**

養成——「知道」，還要劍及履及「做到」的好習慣，才會讓我們進步、快樂、雀躍啊！

36

habit

要有發現力的眼睛，看見精彩

隨時發現、記錄激勵人心的美好題材

一日不讀書，面目可憎；
三日不讀書，有如一隻豬。
讀書如練功，不能不用功；
若想要成功，就要下苦功。

我多次受邀到馬來西亞各大城市演講，但令我印象深刻的城市之一，是東馬砂勞越的「詩巫」。因為，詩巫市有一個「衛理福兒院」；在這福兒院中的院童們，沒有爸爸、媽媽，他們居住在這基督教福兒院的大家庭中。

在這福兒院裡，年紀大的院童，要照顧年紀小的院童，也要輪流學習煮飯、做菜，給年紀小的弟妹們吃。而且，他們也都要輪流打掃環境、維持院區的整潔。

在楊啟好院長的帶領之下，這些院童們還要讀書、充實知識；他們每天常把我書中的話、名言佳句，一起一句一句的背誦出來。

當我第一次在詩巫福兒院，聽到孩子們把我書中的話，背誦出來的時候，真是十分感動！多少孩子，多少年輕人去應徵工作、面試時，腦袋空空、不知所云？在考高中、大學時，作文是低分的？因為，他們連一句名言、好話，都寫不出來。

但是，這些沒有爸爸、媽媽照顧，住在福兒院的孩子，在老師、院長的教導之下，不管出身貧困或卑微，他們都很努力的讓自己，每天不斷的進步……

當我再次到詩巫演講時，楊院長也帶領福兒院的孩子們，一起到會場來聽我演講。我知道，院童們的腦袋中，不斷累積新的智慧，所以，我就請楊啟好院長帶領孩子們，背誦出他們新學習到的好話。這群孩子們站了起來，當眾一起背誦出——

—過去不讀書，現在已經輸
現在不讀書，將來還會輸

—讀書如練功，不能不用功
若想要成功，就要下苦功

—今天的我，是昨天的我所造成的
明天的我，是今天的我所造成的

—天資，是上帝給的，要感恩
名譽，是別人給的，要謙虛
自滿，是自己給的，要小心

—肯吃苦，苦半輩子；不吃苦，苦一輩子

——一日不讀書，面目可憎；
三日不讀書，有如一隻豬
——責罵我越多，也成就我越多

小朋友們都沒有看稿，只是在楊院長的導引之下，楊院長唸上半句，孩子們就把下半句話背誦出來。此時，我拿出手機，把福兒院孩子們這麼棒的表現，錄影下來，也成為我在其他地方演講時的最佳題材。

我在演講或寫文章時，不會講大道理，我喜歡分享一些小故事。而這些小故事，都是發生在我們的四周，我們都要有「發現力的眼睛」，將這些故事記寫下來。

Ch. 4

圓融溝通，事事都亨通

37

habit

常常心存感恩、凡事感謝

珍惜每次相逢的機會

古人說：「既來之，則安之。」
我們不能改變環境，
就要改變心境。
一切都是美好的安排。

很多年前，我受邀到澎湖馬公去演講；澎湖是外島，自然是要搭飛機去。可是，當天飛機延誤了，所以縣政府衛生局承辦人員很緊張，怕我趕不上演講時間。

當我抵達馬公時，看見承辦人員已經很緊張、著急地在機場等著要接我，她對我說：「戴老師，時間快來不及了，我們派了一輛車來接你，希望你不要介意！」

我說：「沒關係，只要有車子坐就可以了！」

可是，當我走出機場一看，嚇我一跳，您猜，他們派什麼車子來接我？摩托車？計程車？警車？坦克車？……

您知道嗎，當我走出機場一看，一輛「救護車」，已經在門口待命了！我心裡一想，「天哪，我一輩子沒有搭過救護車，怎麼會派一輛救護車來呢？」

不過，還好，他們請我「坐在前面」（駕駛座旁），而不是叫我「躺在後面」。所以，一上了車子，救護車開得很快，一下子就開到演講會場了，沒有遲到。

後來，我想一想，有「救護車」坐已經很不錯了，萬一是「環保局」來接我的話，那會派什麼車呢？大概就是——「垃圾車」了！

所以，凡事感恩、凡事感謝！只要我們心存喜樂，也告訴自己——「來的，都是好的！」那麼，我們的心情就會更加快樂。

我們不能凡事抱怨、嘀咕、埋怨……否則，我們的心情都會很不快樂啊！這是我一生至今，第一次「坐救護車」去演講的經驗，回憶起來，真是很有意思、很甜美呀！

所以，**古人說：「既來之，則安之。」不是嗎？**

我們不能改變環境，就要改變心境啊！

其實，每次的「相逢」，都是很好的緣份、都是上天美好的安排，我們都要珍惜每次「相遇的機會」。

因為，「相逢、相遇和說再見」之後，是不是一定能「再相見」，真的很難說呀！

所以，我們都要「珍惜每次相逢的機會」，遇見老朋友、新朋友時，都要滿心歡喜地大聲說：「你好，你好，看到你真好！」

「有你真好！」

38

habit

微笑不用錢，但是很值錢

對人微笑，是最便宜的投資

笑臉常開，
鐵定到處吃得開。
不是因為幸福才笑，
而是笑了才會幸福。

在一家速食店裡，我看到一位臉上有疤記的女工讀生，她到處拖地、擦抹桌子、倒垃圾，忙進忙出；看到客人時，也都發自內心、滿臉笑容地說：「歡迎光臨！」

而經過每個桌子、看到正在用餐的客人，她也總是笑嘻嘻地說：「你好！」

不久，一個小朋友頑皮地跑來跑去，不小心把飲料打翻了，這女工讀生沒有慍色，反而一臉笑容地說：「沒關係，我來、我來擦……小朋友要小心，不要滑倒哦！」

這女工讀生，雖然臉上長有疤記，可能是以前意外割傷的痕跡，但是她在面對小朋友意外打翻飲料時，沒有生氣、沒有不悅，反而用「溫柔的語氣、滿臉的笑容」，讓現場所有的客人，都感到十分的溫馨與感動。

她，不是美女，也沒有傲人的身材，但是，她所散發出來的「微笑、親切、熱情與敬業」，讓人覺得，這真是一幅極為美麗的一幅畫啊！

有人說：「微笑不用錢，但是很值錢！」

一個美女，若是沒有笑容，就只能說是「冷艷」，或是「高傲」。蒙娜麗莎如果沒有微笑，也只是一幅平凡之作，不會永傳千古。

所以，在人與人的溝通之中，「微笑」和「笑容」，是一個很重要的潤滑劑。有了微笑，很多衝突、不愉快，都能比較容易的冰釋、化解。

所以，有人說：「笑臉常開，鐵定到處吃得開！」

一個經常面帶笑容的人，一定是喜歡自己、喜歡別人、喜歡人生的人；即使面對著沉重的壓力，也可以散發出愉悅的心情，使別人也可以感受到一股甜美、快樂、喜悅的氣氛。

也因此，有一句話說：

「不是因為幸福才笑，而是笑了才會幸福！」

的確，「對人微笑，是最便宜的投資。」

一個「面帶微笑、開口稱讚顧客」的店員，銷售業績，一定比「面無表情、不懂美言」的店員，更好、更棒、更受歡迎。

笑容，是一個人的內心寫照。當一個人微笑時，表示他的友善與開朗。

曾經有台下的聽眾，聽完我演講之後，特別前來對我說：「戴老師，非常謝謝你整場演講中，你都真心、真誠、面帶笑容的對我們演講……」

其實，我自己站在台上演講，幾乎不錄影，也不知道自己的表情如何？但我希望，站在台上演講時，自己不能是「撲克臉」，而是讓人「有微笑、有眼神交集、有溫暖」的感覺。

因為，**「說話」，是有溫度的！**

「表情」，也是有溫度的！

對人微笑，是最便宜的投資！

「肚量大、脾氣小、常微笑、病就好。」——這是心理醫生常會開給病人一劑很不錯的藥方，我們不妨試試看喔！

39

habit

穿著令人賞心悅目，是一種禮貌

一站上台、一開口說話，就是自己的形象廣告

在正式場合中，
穿著十分重要；
我們的衣著若不得體，
別人就會給我們「負面評價」。

一位國中老師對我說，她指導一學生參加全縣演講比賽；這男生的資質和口才都很好，得到前三名絕對沒問題！可是，到了比賽現場，老師一看到這男生，傻眼了——

「天哪，你怎麼搞的，怎麼穿個牛仔褲來？」老師一看到他的穿著，氣炸了：「我不是告訴過你，一定要穿正式一點的服裝來嗎？」

「有什麼關係呢？演講比賽不是比口才、比實力嗎？穿個牛仔褲有什麼不可以？幹嘛一定要穿那麼正式？……」這男學生耍酷地說。

然而，一開始比賽，這男學生看到來自各校的菁英，一個個都整齊打扮，男生打領帶、女生穿漂亮洋裝，這學生當場愣住；他原本的自信和氣勢不見了，心情頓時受挫，態度也變得有點畏縮。結果，成績一揭曉，原本信心十足的他，沒有拿到任何名次。

其實，**一個人的穿著，令人賞心悅目，是一種禮貌**。當然，演講比賽中，表達技巧、口才魅力很重要，但是，外表的穿著「端莊、大方、得體」，就是對裁判、觀眾的一種尊重。

所以，**「我們一站上台，就是自己的廣告。」**

當我們在正式場合中，穿著十分重要；我們的衣著若不得體、太隨便、太輕佻，別人就會給我們「負面評價」，即使實力再怎麼強，整體的印象，也會大打折扣。因此，「我們一站上台、一開口說話，都是我們的形象廣告」，我們都要認真，看重啊！

40

habit

敞開心胸，做個懂得感恩的人

看到別人、肯定別人、欣賞別人、感謝別人！

在聽講過後，
我們可以給老師一些正面的回饋，
或分享一些學習心得，
這樣，我們就會更開心、快樂。

在一場 7-11 超商內訓的演講之後，一個女員工過來跟我微笑、打招呼，也說了一聲：「謝謝戴老師今天很棒的演講……」

同時，她也遞了一張卡片給我。上面寫著——

「Dear 戴老師，

感謝您今天的寶貴經驗分享，「聽君一席話，勝讀十年書」，是今天最貼切的註解了。

在聽完您的演講後，我真的如沐春風，也灌輸了滿滿的正能量喔！

我充飽了電，可以再繼續在工作上，服務顧客，也用最熱情的心、最發自內心的微笑，來迎向每一天！

期待您下次的講座分享……」

另外，也有一名男員工送給我一張卡片，上面用工整的字跡寫著——

「戴老師，很開心今天有機會來聽您的演講。

『成功不是靠奇蹟，是靠累積。』

期許藉由今天滿滿的正能量，能改變我自己的壞習慣，而且，『知道』更要『做到』，成為更好的自己……」

收到這些學員親手寫的小卡片，我自己真的很開心，也很感動！

我們是不是常去聽演講？聽講過後，是不是給老師正面的感謝與回饋？

我們是不是可以走向講師、老師，分享一些學習的心得，讓老師知道，我們是有滿滿收穫的。

此時，我學習到——

「看到別人、肯定別人、欣賞別人、感謝別人！」

這樣，我們就會逐漸學習成長，而且天天開心、快樂！

41

habit

讓人際互動更圓融的「溝通四轉」

沉澱心情、自我內省、不火爆、不失控

學習多看到別人的好，
不要只顧到自己的想法和立場。
「將心比心、角色互換」，
我們的人際關係，一定更圓融。

在我們的生活、工作之中，難免都會遇見許多不愉快、不如意的事；有時，我們很憤怒、很生氣、嚥不下這口氣，甚至，要找對方理論，爭出個是非對錯來。

可是，世界上有許多事情，都不一定是公平的。有時，我們被欺負了、被栽贓了、被嘲笑了、被污衊了、被不公平對待了……

怎麼辦？我們的心情過不去、我們心情憤怒、久久無法平復。

在我們跟別人有衝突、有溝通不良的時候，我們不妨學習「溝通四轉」，這也是我自己想出來的——「圓融溝通的心理調適法」。

一、**轉念**：在與他人有衝突、意見不合、生氣憤怒時，不妨轉個念頭——多想到對方的好、多考慮到對方的立場，不要只考慮自己的立場，或一直盯看對方的不好。我們可學習「將心比心、角色互換」——想想，假如我是對方的話，我們會如何想？如何處理？……多想對方的好、不要一直看著對方的不好，轉個好念頭，這樣，或許我們的心情會比較釋懷。

二、**轉調**：在我們與他人有衝突、生氣時，音調會不自覺的升高，甚至變得很高亢、激動、面紅耳赤，雙方火爆的氣氛，一觸即發。此時，我們可以趕快告訴自己——不要讓自己的聲音越來越高亢，要學習「轉調」、「降調」，讓自己的聲音慢慢小聲下來，不要讓聲音、口氣越來越盛怒。

三、**轉身**：在兩造發生語言衝突時，大家火氣都很大，誰都不願意認輸。可是，總是要有人懂得「滅火」、懂得將火爆的氣氛「降溫」，也適時化解歧見與僵局。此時，轉個身，去泡個茶，或請對方喝個咖啡，雙方暫時休息一下，不要讓火爆的氣氛繼續燃爆。轉個身，讓氣氛暫時冷卻一下，或許讓雙方的情緒暫歇一會兒，或過幾天心情比較沉澱時，再來溝通、商談。

四、**轉進**：當意見衝突的雙方，心情比較沉澱、不再那麼火爆時，找個好的機會、好的場地氣氛，或找個好的朋友、中間人，在現場做調人，大家心平氣和的一起溝通，化解憤怒時的歧見與不愉快，讓雙方的關係得以維持、轉進！

「轉念、轉調、轉身、轉進」，能夠讓我們學習沉澱心情、自我反省、不火爆、不失控，也學習多看到別人的好。這樣，我們的人際關係，一定會更圓融、更受人歡迎！

42

habit

不要急著說、不要搶著說，而是要想著說

「不說什麼」比「說什麼」更重要

在開心時，不要得意忘形，
要沉住氣，
用腦袋控制我們的舌頭，
千萬不要讓舌頭失控了！

前一陣子，高雄市長韓國瑜在出訪香港的拜會行程中，於正式致詞場合時，脫口說出：「在我印象中，最快樂的國家，大概在阿爾卑斯山旁邊，像不丹，與世無爭，居民都傻傻的，很單純，隨便有個麵包吃，就覺得自己是全世界最快樂的……」

這段影片一出、大家一聽到這段話，立刻引起熱議與譁然。

因為，不丹，應該是在「喜馬拉亞山」旁邊，而非在「阿爾卑斯山」旁邊；而且，公開的講不丹居民「都傻傻的，很單純，有麵包吃就覺得自己是全世界最快樂的……」，真是失言、不太得體。

人在說話時，都要學習——

「不要急著說、不要搶著說，而是要想著說。」

如果，「急著講、搶著講」，而不知道「緩一緩、想著講」，在沒有周全的思考之下，就會一下子就失言、說錯話，或是得罪人、有失國際禮儀，嚴重者，甚至引起國際糾紛。

所以，我們都在學習——

在開心時，不要得意忘形，要沉住氣、用腦袋「控制我們的舌頭」，千萬不要讓我們的舌頭，像脫韁的野馬一樣，失控地「衝跑到我們的理性前面去」。

42 不要急著說、不要搶著說，而是要想著說

以前在唸書時，就有老師就告誡我們——

要知道，自己「要說什麼」？更要知道「不說什麼」？

因為，**「不說什麼」比「說什麼」，來得更重要，也更需要腦筋的拿捏與取捨啊！**

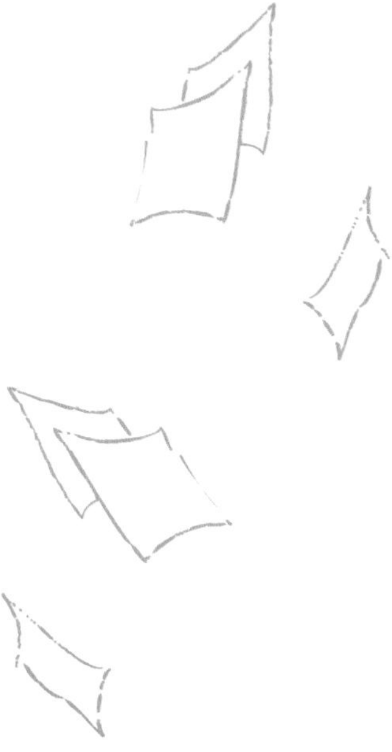

43
habit

不怕欠人情，只怕忘恩情

對幫助過我們的人，表示真心謝意

在我們生命低潮、失意時，
有很多人幫助過我們，
或給我們鼓勵、打氣，
我們不要忘記再次致上謝意！

人生一路走來，
曾經有很多人幫助過我們、栽培過我們！
他們可能是老師、朋友、長官、父母，或是一面之緣的人……

這些人，讓我們的生命走得更順利！
這些人，曾經在我們低潮時，給我一句鼓勵、打氣、振奮的一句話。
這些人，或許在我們失意時，約我們見面，當面傾聽我們心中的難處與困境。

這些人，或許曾經在我們經濟拮据時，給我們一些金錢的幫助。

這些人，也許在我們最悲傷、難過時，給我們心中最真心、真誠的陪伴與安慰……

這些人，我們或許記得，但也可能都忘記了！

在此時刻，如果我們想起哪些人是我們的「恩人、貴人」，我們不妨打個電話，寫個卡片，問候他們、謝謝他們！

或許，我們不一定要送禮，

但，一個「真心問候、致意、感謝」，

也可以表達我們內心真誠的「感激與謝意」啊！

因為，人生──**「不怕欠人情，只怕忘恩情啊！」**

44

habit

不回罵最後一句話

學習忍耐、包容與退讓

有時，我們以為我們「贏了」，
其實，我們是「輸了」；
有時，我們以為「佔了上風」，
但卻是「滿身是傷」。

有一位女基督徒說，她雖然信主，平常也常到教會，但她和大姊的感情不好，也很恨大姊，彼此互看不順眼。

她們姊妹就打打鬧鬧，也常互相抓對方的頭髮洩恨；在家吃飯擺碗筷時，也常只給對方一支筷子。

一次，輪到她擺碗筷時，她心想，報復的機會來了，她也故意只給大姊一支筷子；不料，被父親看見了，結果，父親氣得拿棍子把她的手指、手心打得浮腫、瘀青，而她也痛得泣不成聲、吃不下飯，心中也就更怨恨大姊，也種下「冷嘲熱諷、彼此仇恨、互相對立」的心。

這女孩說，我雖然是基督徒，也到教會做禮拜，可是，她常在獨自一人時，躲在屋後倉庫，淚流滿面地禱告：「主啊，我想愛我的大姊，可是，我恨她，我做不到！」

後來，她聽到有一個聲音對她說：「只要妳願意，有一天，妳能做到……」

一個月之後，這女孩說，大姊又冷言冷語、故意冷嘲熱諷的奚落她；當她很想頂嘴、大聲回罵時，她的嘴，及時打住、停住，也在心中默禱：「主啊，請賜給我忍耐，請賜給我忍耐，我不要回罵我大姊……」

終於，她的嘴巴停住了、舌頭煞住了，也忍耐下來了！她做到──「被罵不還口、被嘲笑不回嘴」。

真的，一個銅板敲不響。由於這女孩的忍耐、克制自己的嘴巴，引起大姊的好奇，久而久之，大姊也就不再挑釁，兩人慢慢地也就相安無事。

有一天，大姊突然拿著她心愛的郵票，說要送給喜好集郵的她。這女孩驚訝地詢問大姊：「妳怎麼突然對我這麼好？」

大姊對她說：「是妳自己先改變、先對我好的啊！」

有時，我們以為我們「贏了」，其實，我們是「輸了」！

有時，我們以為我們「佔了上風」，但是，我們卻「滿身是傷」。

我們常「贏了面子」，卻「輸了裡子」！

相反地，我們學習忍耐、包容、退讓，甚至「被罵不還口、被打不還手」，表面上好像是「輸了」，其實，我們卻是「贏了」，而且贏得豐豐富富！

我們可以學習——**「愛、包容、退讓」、「製造對方贏的機會」、「因為愛，不回罵最後一句話。」**

因為，暫時的輸，會是將來「贏的契機」啊！

45

habit

要為受挫的情緒，設下停損點

別讓一生命運，毀在「一時失控的情緒」

憤怒，是片刻的瘋狂。
人在生氣、衝動時，
常變成盲目、非理性，
我們要學習「讓憤怒的情緒換跑道」。

這幾天，媒體報導，一位二十八歲劉姓女子，大學醫學系畢業，但三次都沒有通過醫師執照考試；日前，與母親發生口角後，凌晨三點多，開車到加油站購買十七公升的汽油，返家後，又開車離開，不久家裡就發生火警，造成父親葬身火海，母親與弟弟也都重傷。

劉姓女子在被逮捕之後，被員警詢問：「為什麼要買汽油？火災前為什麼要出門？」劉姓女子都保持緘默，最後甚至不耐的回嗆：「你管我那麼多幹嘛？到底要問幾次？」

劉姓女子從小就是資優生，中學考上第一志願，後來也唸醫學系，但三次醫師執照考試沒考上，壓力讓情緒受到影響，在與家人吵架之後，情緒失控，買汽油縱火，釀成父親身亡，母親、弟弟全身重傷的慘劇。

人在生氣、衝動時，都變成盲目、非理性了。

所以，「憤怒，是片刻的瘋狂。」

我們一生的命運，不能自毀在「一時失控的情緒」啊！

我們都要學習——**讓憤怒的情緒「換跑道」**。

也要懂得——**「讓受挫的情緒，設下停損點。」**

不能讓自己的情緒，做出讓自己後悔一輩子的事！

46

habit

溫暖、肯定的話，讓人歡愉

多灑香水、少吐苦水、少潑冷水

溫暖的話，讓人欣喜；
冰冷的話，讓人憤怒。
多用語言鼓勵他人、稱讚他人，
我們的人際關係一定更美好。

曾經受邀到一家大藥廠全台灣的大集會中演講。這家藥廠的業務同仁很多，公司也租用了知名的大飯店，來做教育訓練。

在我的下午課程結束前，一名男同仁站出來，對著大家分享說：

「今天上午的一堂課，我算一算，我大概去了五趟廁所。

為什麼呢？因為早上的課程比較無聊，講師講得比較沉悶，大家都不容易聽下去，所以我就一直藉故去上廁所，走來晃去，來打發時間……

而這一堂戴老師的課，我一直憋尿，憋到現在，都還不敢去上廁所（全場大笑），深怕漏掉哪些精彩的片段……

說真的，我這輩子聽過很多演講，但只有今天，聽戴老師的演講，我最認真聽，也寫了一大堆筆記，而且，我還好幾次淚流滿面……」

這男同仁話一講完，大家爆出熱烈掌聲。

而我，也很不好意思，因為聽他說——聽講中，他一直憋著尿，不敢上廁所，深怕漏掉哪些片段……

「鼓勵的話、讚美的話」，都是最甜美的，就像灑了香水一般，令人聽了滿心歡喜、滿室香氣！

「肯定別人、讚美別人」，就像是幫別人加水一樣，讓人開心、快樂。

「話語」雖然看不見，但它卻是有溫度的。

「溫暖的話」，讓人欣喜、溫馨、歡愉、雀躍。

「冰冷的話」，讓人心冷、心碎、憤怒、痛恨。

所以，我們都在學習——**「多灑香水、少吐苦水、少潑冷水」，也多幫別人「加水」**——主動用語言鼓勵他人、稱讚他人，那麼，我們的人際關係，一定會更快樂、更美好！

47

habit

做一個令人懷念的人

多一些肯定與讚美，不要責備與生氣

父親過世時，七十八歲。
我總是想起他對我、
對孫子、孫女說話時，
溫柔、鼓勵、讚美的語調與表情。

十年多前，有一天我在嘉義演講，半夜接到我哥哥來電，說爸爸睡覺時心肌梗塞，安然過世了。我愣了一下，立即從嘉義開車趕回台北；一路上，我一邊開車、一邊回憶起我與父親的互動。

當我兩次大學沒考上時，父親從來沒有嚴詞責備我：「考這什麼爛成績！」他只有鼓勵我：「沒關係，別灰心，再努力！」

在我當兵退伍後，找不到工作，想出國念書時，我兩年半失業，考了八次托福考試才通過的過程中，父親也總是和顏悅色的對我說：「再加油，不要放棄！」

多年後，我在大學任教，每次去看爸媽，隨手帶了肉粽去，爸爸吃了肉粽，隨即對我說：「你在哪裡買的肉粽？好好吃哦……世界上怎麼會有這麼好吃的肉粽？」

天哪，我只是隨便買的肉粽，可是父親總是用「最好聽的話」，來回應我。

他對兒孫的說話，也總是帶著鼓勵、肯定、讚美……他從來不責罵。看到我兒子、女兒的水彩、油畫，也都是滿口讚美說：「怎麼這麼棒，畫這麼漂亮，好厲害哦！」

清晨快五點，我開車回到了台北，和母親、哥哥到醫院殯儀館去看爸爸的遺體；白天，再帶內人與孩子去看爺爺安詳睡去的遺容。幾天後，當時念小學的兒子、女兒在浴缸裡泡澡，也一起編一些思念的歌，唱給天上的爺爺聽。

不料，小女兒突然說：「噓……不要說話……我聽到爺爺正在跟我講話！」

講什麼呢？小女兒說：「爺爺正在對我說……謝謝你們，這是我聽過……最好聽、最好聽的一首歌……」

父親過世時，七十八歲。

我總是想起他對我、對孫子、孫女說話時，溫柔、鼓勵、讚美的語調與表情。

此時，我想起一句話——「做一個令人懷念的人。」

我們可以在說話時，給家人、孩子、朋友，多一些鼓勵與肯定，而不是責罵、生氣與憤怒。

學習「做一個令人懷念的人」，是我從父親的身上，學到的一件事。

48
habit

愛，就是真誠的給予與對待

愛，就是要用實際行動表達出來

他腦中想起一個點子，
也立刻到文具店，
去訂做一個「冠軍大獎盃」，
等待母親節的來臨……

我在吉隆坡的好朋友黃錦揚兄，告訴我——母親節快到了，他們兄弟姊妹預計在家一起聚餐，慶祝高齡八十一歲老母親，母親節快樂！

可是，他想，自己一生獎盃不少；孩子們的各項獎盃也多不可數。唯獨，一生勞苦的老母親，在早期農業時代，沒有唸過書，怎麼會有獎狀、獎盃？能夠把孩子們扶養長大、成為有用的人，已經夠辛苦、夠偉大了。

想到這裡，錦揚兄腦中想起一個點子，也立刻到文具商店，去訂做了一個「冠軍大獎盃」，偷偷的藏放在家裡。

而在周日全家族，兒子、孫子們大聚餐之後，錦揚兄先是如常地端出了美麗、漂亮的二層大蛋糕。八十一歲、滿臉辛勞皺紋的老母親，當然很開心。

但，後來，最意外的是，錦揚兄拿出了特別為老母親訂做的「超大冠軍獎盃」，上面寫著——

「最佳母愛獎　歐玉蓮女士　2019」

當這個冠軍獎盃送給老母親時，老媽媽一時不知所措，不知該怎麼辦？她老人家一生，沒有唸過什麼書、不識字，只是盡一個平凡母親的責任——含辛茹苦、付出一輩子的體力、勞苦，在極度貧窮、困頓中，讓孩子們能溫飽、讓孩子能讀書、讓孩子學好不變壞、讓孩子健康長大……

如今，孩子們在社會上都有成就，孫子們也都聰明可愛，成績優秀，獎盃許多……

後來，年邁的老媽媽，應兒孫們的大聲請求，站了起來，用滿是皺紋的雙手，將「最佳母愛獎」的冠軍獎盃，高高拿起！

這是，老媽媽一生勞苦的印記，也是最該得的「榮耀冠軍獎盃」！

看到錦揚兄寄給我，老媽媽舉起冠軍獎盃的照片，我好感動！

人世間，絕大多數的老媽媽，都是最偉大的，也都應該得到這樣榮耀的冠軍獎盃。

而我，也想到——

「愛，就是真誠的給予與對待。」

「愛，就是要用實際行動表達出來。」

Ch. 5

自信自律，舞台就是你的

49

habit

多相約出汗，少相約吃飯

人要有「使命感」，不能「死命趕」

掌聲，是別人給自己的一種肯定，
在專業上、在表現上；
健康，是自己給自己的一種肯定，
在生理上、在延壽上。

前不久，在一場演講會後的簽書會上，一名女讀者對我說，她的朋友不能來聽我演講，但要她轉告我一句話：「戴老師，你瘦了！」

我一聽，哈哈大笑！因這是我以前在書本文章中，與讀者們的一句玩笑暗號；因那時我正在減肥，我期待減肥成功，所以希望，有一天讀者見到我時，一定要跟我說：「戴老師，你瘦了！」

不過，隨著年紀增長，新陳代謝趨緩、鮪魚肚稍稍變大，我沒有變瘦，反而是增胖了一些！

前一陣子，媒體刊載，創新工場執行長李開復先生，罹患淋巴癌，全身有二十多處腫瘤，選擇回到台灣接受化療。

曾任全球 Google 副總裁和大中華區總裁的李開復先生，在臉書上寫道：「在癌症面前，人人平等。」李先生也提醒員工，要加強鍛鍊身體，不要以為年輕就可以透支自己的健康。

李開復又說：「現在回頭看，我年輕時實在太大意，既不注意飲食，又經常熬夜，作息不規律、壓力過大，而且幾乎沒有鍛鍊身體。今天，身體傳出了狀況，才重新審視身體健康的意義。」

不過，李先生也自信地表示：「我不會輕易被化療打敗！萬一不幸光頭了，我就去做個大髮套！醫生說，三分之一的癌症患者，是被心理壓力嚇死的，我一定不做那三分之一的人！」

現在，李開復先生，熬過化療，打敗癌症病魔，身體已經完全康復，真是開心，恭喜他。

而我自己，現在也不斷提醒自己，要減少應酬、多運動、多減肥、多注意自己健康。

朋友之間，要少相約「吃飯」，要多相約「出汗」。

「多吃飯」，只會囤積更多的脂肪和熱量；「多出汗」，才會消耗體內熱量，維持身體健康。

現在，我體會到——「健康，比掌聲重要！」

因為，**「掌聲」，是別人給自己的一種肯定，在專業上、在表現上；但，「健康」，則是自己給自己的一種肯定，在生理上、在延壽上。**

假若，掌聲與健康是不可兼得，我們就必須選擇健康，而捨棄一時的掌聲；因為，一旦身體健康全消失了，也就會失去一切的掌聲啊！

《聖經》上說：「人若賺得了全世界，卻失去了生命，又有什麼意義呢？」

人要有「使命感」，卻不能「死命趕」呀！

「健人，就是腳勤——要走出健康與自信！」

來吧，讓我們「相約出汗」，不必「相約吃飯」了！

50

habit

自古成功靠「勉強」

「左手鋼琴協奏曲、左手寫筆記」的故事

輕鬆過日，不能使自己成功；
成功，都是確定目標，
「全力以赴，自我勉強」而得來的。
所以，「態度對了，幸福就來了！」

在二十世紀初期，維也納有一位極負盛名的鋼琴家——維特史坦，他在二次世界大戰中，被炮彈炸斷了右手；當時，他原來用來彈奏鋼琴的右手，也血流如注。

可是，不管維特史坦再如何大吼哭叫，都沒有辦法改變他的右手被炸斷的事實。怎麼辦呢？沒有了右手，怎麼彈鋼琴？鋼琴家的生命，就此打住嗎？

「不！不——絕不！」維特史坦大聲的向命運惡神發出怒吼：「我絕

不向命運低頭！即使只剩下了左手，我還是要繼續的彈鋼琴，永遠不停止的彈奏下去！」

後來，維特史坦到處懇求作曲家，能夠特別為他「剩下的左手」譜曲，希望他的左手，仍然可以彈奏出優美的樂章。

所以，在現今的鋼琴樂譜中，有一些是專門為「左手」而譜寫的樂曲，幾乎都是在二十世紀初期，維特史坦到處去「拜求」而來的，其中，最膾炙人口的，應算是拉威爾的《左手鋼琴協奏曲》；這協奏曲並不是只能用左手彈，而是右手也可以彈，只是，如果用左手彈，更能顯出樂曲的華麗技巧。

多年前，我受邀到大陸東北的長春市圖書館演講。我記得當時四月初，天氣還十分冰冷。聽眾都穿著大衣來聽演講。坐在第一排中間的，是一位中年婦人，我看到她很認真的寫筆記，而且，是用左手寫。我問她：「婆婆，妳是左撇子嗎？」

她抬頭，看著我說：「不是！」

咦，那就奇怪了，妳用左手寫字，怎麼不是左撇子？

婆婆戴著老花眼鏡，眼睛透過眼鏡的上沿，看著我，也拉開外套、露出外套內的右手，笑著對我說：「因為我的右手受傷了，綁石膏，不能動了；今天，聽到戴老師的演講內容這麼精彩，我捨不得不寫筆記，所以，我就強迫自己用左手來寫筆記。」

哇，我一聽，真是超級感動！以前我們當學生，如果我們的右手受傷，我們一定找藉口，跟老師說：「我的右手受傷，不能寫作業！」可是，這位中年婆婆如此用心、認真，一邊聽講，一邊用左手寫筆記。

我跟這婦人說：「婆婆，妳讓我太感動了，妳讓我拍一下妳的照片好嗎？」婆婆笑一笑說，好啊！

同時，我在下課的時候，請她讓我拍一下她用左手寫的筆記。說真的，她的筆跡歪歪扭扭的，要仔細看、用心猜一下，才知道她在寫什麼？

這婦人後來又問我：「戴老師，您剛才有一句話我記不太清楚，是挫折使人什麼？……」

我說：**「挫折使人謙卑，淚流讓人看見。」**

很多年輕人，不用心學習，在遇見挫折、找不到工作的時候，才會學習謙卑下來。在經濟不景氣、被裁員、失業、流下眼淚的時候，才知道自己過去的無知與高傲。

拜求「左手鋼琴協奏曲」，努力成為傑出的左手鋼琴家；老婆婆右手受傷時，強迫自己用左手來寫筆記。這，都是態度的問題！

所以，**「自古成功靠勉強——勉強自己，努力實踐、邁向成功。」**

「問題不在難度，而在態度！」不是嗎？

51
habit

主動、積極、自律、不放棄

勇敢朝著夢想努力前進

兒子先前就告訴我，暑假他並不想出去玩，而是他已經申請到紐約市一所——腦神經科學實驗室，去實習、做實驗。

教育單位說，台灣頂尖高中生畢業後，出國讀書的學生越來越多了。我兒子也是其中之一。他建國中學畢業，考上台大最理想的科系，但是，他並沒有唸台大。

美國紐約州的一所大學，提供兒子一年「五萬一千元美金」的全額獎學金，讓他到紐約唸書。兒子當然不願意放棄這麼好的機會，也幫我省下一年「五萬一千美元」的龐大學費。

如今，兒子在美國紐約州的大學，即將結束二年級的課程，五月中，就要開始放暑假。先前他就告訴我，他暑假並不想去玩，而是他已經申請到紐約市區一所大學醫學院的腦神經科學實驗室，到那邊去實習、做實驗。

事實上，這所醫學院腦神經科學實驗室實習生的申請，早已結束，但兒子晚來的申請信，態度誠懇、企圖心強烈、積極，感動了實驗室教授，所以，教授破例讓他前往紐約實驗室實習，更提供了暑假兩個月的免費住宿。

後來，兒子又來信告知——由於他寫了一份很不錯的「暑期實驗研究計劃」給現在就讀的大學，校方主管極度欣賞，所以校方也願意提供他——暑假赴紐約市實驗室實習的一筆獎學金。

兒子真的很開心，告訴我——這個暑假到花費昂貴的紐約市實驗室做實驗，不用花太多家裡的錢了。我與內人當然也很開心。

「主動、積極、自律、不放棄」是兒子的好習慣與特質。

兒子在十八歲時，就主動報名墾丁「三項鐵人大賽」。

三項鐵人大賽，包括——

海邊游泳一千五百公尺、騎自行車四十公里、跑步十公里。

我陪伴他到墾丁參加比賽；游泳一千五百公里完，馬上又騎腳踏車四十公里，而後，又立刻馬不停蹄地跑步十公里。

連續三項比賽，總共 51.5 公里。他堅持信念，持續完成比賽，抵達終點時，人累得幾乎快倒下了。但，讓兒子最開心的是，這三項鐵人大賽，他最後竟然拿到「青少年組第五名」。

如今，兒子在美國紐約州唸書，大二即將結束，也有好長一段時間沒看到他了。不過，**期盼他「主動、積極、自律、不放棄」的特質，會帶領他繼續往成功邁進**。

也祝福他，在美國紐約讀書、做實驗，一切平安、健康、順利、快樂！

52

habit

自信，舞台就是你的

人生的賽局，由自己做主

沒有自信，隨便過日子，
我們怎能進步、被看重？
自信，不是天生的，
是不斷自我訓練而來。

這張照片，是我在機場的空橋上拍的。我很喜歡。

「Your Game. Your Way.」

「你的競賽，由你做主。」

的確，人生的各項賽局，要不要參加？如何參加？要不要放棄？要不要堅持？都是由自己決定！

所以，**「樹的方向，由風決定；人的方向，自己決定。」**

（照片來源：戴晨志老師親攝。）

每天早上起床，面對鏡子笑一笑，按照自己的計畫，一步一步向前走、用心學習、努力做事……

年輕時，我每天早上起來，拿起報紙朗讀、到司令台練習演講、利用下課休息十分鐘寫心得；或是下課時，主動請教老師；寫了專題報導，主動拿給老師批改；有比賽活動，主動報名參加……

「自信，舞台就是你的！」

沒有自信，每天渾渾噩噩、隨隨便便過日子，我們怎麼會進步、怎麼會被看重？

自信，不是天生的，是不斷自我訓練而來的！

我們都要學習「每天自信溝通」！

只要心中充滿自信、歡喜、積極、主動——

「我們的人生競賽，就由我們自己做主！」

53
habit

隨時為自己訂定新方向和目標

從專注、專精，變成專業、成為專家

只要我們有方向和目標，
我們都可以從「玩家」，變成「行家」；
只要肯「專注、專精」，
就能變成「專業」，成為「專家」！

有個計程車司機說，他每天最苦惱的事，就是沒有乘客的時候。為什麼？因為有乘客的時候，他就會按照乘客要求前往的目的地一直開；可是，在沒有乘客的時候，他開車在路上，沒有目的地、沒有方向，根本不知道要往哪裡走？

一個人也是一樣！在沒有目標時，就是最徬徨、最無助的時刻，只能盲目過日子，沒有方向和目標……

有些人大學畢業，對我說：「戴老師，我現在很徬徨，因為我不知道自己要做什麼……我好像什麼都可以做，但也好像什麼都不想做、也都不太會做！」

這……真是大學畢業生的悲哀哪！什麼都會一點，什麼也都不專精，這怎麼可以？

沒有「專注、專業」，怎麼能夠「專精」，更不可能成為「專家」啊！

有人說——「找到自己的興趣、強項，付出一萬個小時，不斷地重複練習，你就可以成為專家。」

的確，我們就是要知道——「自己喜歡什麼？不喜歡什麼？」、「自己懂什麼？不懂什麼？」

要先找到自己的興趣、專長、強項，才能全力付出、自我刻意勤奮練習啊！

所以，人要「隨時為自己訂定方向和目標」，朝著自己的目標，努力向前邁進。

人的心，很重要！

「心在哪裡，行動力就在那裡！」

只要有目標、有方向、有熱情，什麼都不苦啊！

而且，只要我們有方向和目標，我們都可以——

從「玩家」，變成「行家」。

只要肯「專注」、「專精」，就能變成「專業」，也能成為「專家」。

54

habit

凡事多用心多留心，也多再看一眼

千金難買早知道、人生沒有後悔藥

下計程車時，要回頭再看後座一眼，
檢查是否遺落哪些東西？
確定沒有之後，再面對車子，
也向司機點個頭，恭敬地把車門關上……

前一陣子報載，一名老婦人在下公車時，把一個大紙袋遺落在公車上。司機到終點站、檢查車廂時，發現了這個紙袋，打開一看，竟然全是千元鈔票。

這司機趕緊把這一大包紙袋的鈔票送到派出所，經點算，竟然有「兩百萬元」之多。後來，老婦人下車回家後，發現自己遺落了兩百萬元，心裡十分焦急，趕快到警察局報案；後來警方調出車上監視器，確定是老婦人遺落這一大筆錢，就把這兩百萬元歸還給她。

老婦人滿臉淚水、老淚縱橫的感謝公車司機；老婦人說，這是她「要住進養老院的老本」，假如這筆錢不見、遺失了，她恐怕就沒有地方住，要流浪街頭了……

前二周，我受邀到馬來西亞吉隆坡培才小學二校，演講三場。我一下飛機，就告訴來接機的朋友，先直接到培才小學的禮堂，去勘查場地、測試音響、電腦、投影機……等等。

一抵達學校禮堂，我拿出電腦、投影機時，我突然發現——天哪，我完蛋了！為什麼？因為，我竟然忘了帶電腦的「電源線」。

其實，為了萬全的準備，我帶了簡體字版的電腦，也多準備了一台繁體字版的電腦，以備不時之需。可是，我帶了二台電腦，卻忘了攜帶在馬來西亞演講最重要的「簡體字版電腦的電源線」。

還好，家長協會駱主席很熱心，立刻透過人脈，找到電腦廠商，也找到適合我這台已經使用四、五年老舊電腦的電源線，也讓我的三場講座會，都能順利進行。

人，腦袋不是那麼靈光，常常會遺忘一些東西。

有時，門一拉上，才想起鑰匙沒有帶出來；或是，手機忘了帶、燈未關、車門沒上鎖、瓦斯爐沒關……

我也有一次，開車到台中演講。當車子快到台中時，我往車子後座一看……天哪，我擺放電腦、投影機的小手拉行李箱，竟然沒有帶上車！那……那我怎麼演講？

還好，那天，我提早大半天出門。

我算一算時間，趕快掉頭開車回台北辦公室拿電腦、投影機，再開車到台中，時間還來得及；否則，這場演講就太糗了、完蛋了！

俗話說：「**人生沒有後悔藥！**」「**千金難買早知道。**」

很多事情，我們不專心、不注意，一不小心，就會疏漏、遺忘。所以，出門前，要記錄下來哪些東西需要攜帶？出門時，不妨再想一想——哪些事情、哪些東西是否都帶齊了？是否遺忘了哪些東西？

以前，有個前輩告訴我——他下計程車時，都要回頭再看後座一眼，檢查是否遺落哪些東西？確定沒有之後，再正面面對車子，也向司機點個頭，恭敬地把車門關上。

這，除了避免遺落東西之外，也是對司機的一種尊重與謝意啊！

凡事多用心多留心，事事多順心多稱心。
凡事多再看一下，或多回頭再看一眼，準沒錯。

55
habit

做人要誠，做事要真

我們的工作態度，
就是自己的廣告，
別人或是上司，
都在給我們打分數啊！

我在世新大學口語傳播系擔任系主任四年後，我就離開教職，成為一個專職的寫作者。我成立一個工作室，自己專心寫作，不再參與大學的教學和行政工作。

我也請在學的學生，來擔任我的工讀生，幫忙我處理一些工作室的事務。後來，工作量增多，我請了大學畢業的大學生，擔任我的專任助理。

在來來去去的工讀生或助理中，我發現，有些人的工作態度很認真，即使家裡住得比較遠，但從來都不遲到，甚至有時都是提早到辦公室。可是，有些家裡住得很近，但總是經常遲到……

有一次，我到馬來西亞演講，早上十一點多，我有一些急事，打電話聯絡助理，請她幫我在辦公室找一些資料，可是她竟然回答我：「老師，對不起，我還沒到辦公室……」

天哪，馬來西亞和台北沒有時差，怎麼到了早上十一點多了，妳竟然因為戴老師出國演講、不在辦公室，就可以隨便開小差，在外面遛達，還沒進辦公室？

這位經常遲到、也常在我不在辦公室時，自己開小差的助理，實在無法讓我信任，後來我就請她離開了。

也有一位知名大學的畢業生，家裡離辦公室不遠，她每天中午都要回家吃午飯、午休；對於工作時間，也常計較，有超過一些時間，就要求加班費；上班時，也從來沒有什麼笑容……

倒是，有些馬來西亞的僑生，她們珍惜與我的工作機會，每次都準時來辦公室；工作、談話中，也都會面帶笑容；工作時間即使超過一些，也不斤斤計較……對於這樣的工讀生或助理，我總會給她加薪。

其實，我們每天的工作態度，就是自己的廣告，別人或是上司，都在給我們打分數、給我們評價。

在工作上，我們都要有「令人愉悅的人格特質」，也讓自己「值得相信、值得信任」。

所以，**「做人要誠、做事要真啊！」**

56

habit

常把別人的智慧，放進自己的腦袋

多虛心接受前輩的建言

放棄，只要一句話；
成功，卻需要一輩子的堅持。
若要人前顯貴，
就要人後受罪。

最近各級學校的畢業典禮即將到來，一些學校和我聯繫，希望邀請我到他們學校的畢業典禮上，對畢業生做一些勉勵。

當然，在畢業典禮上鼓勵畢業生，是一件好事；可是，我一想到最近我的經驗、畢業典禮的場景，會場都十分吵雜、紛亂；有些學校的畢業典禮甚至流於搞笑、嬉鬧、不莊重的情事……

說實在，一些畢業典禮的文化，部分已經變得庸俗，哪有人會專心聽「特別嘉賓對畢業生的勉勵」？

而且，校方希望，對畢業生的勉勵，時間不要超過20分鐘。我思考過後，把校方這項畢業典禮「對畢業生勉勵的演講」，推辭了。

我對校方說，真的十分感謝學校的熱情邀請。但是，我的演講，希望是正式的、安靜的、專注的……學生要認真聽講、寫筆記的……

我不希望在吵雜的典禮上簡單講，而學生們急著典禮結束、畢業、與親友拍照，根本沒有心情聽演講……

校方聽了我的想法，覺得蠻有道理的。後來，校方決定，特別邀請我在畢業典禮之前，前往他們學校，對全校師生，做一場正式的專題演講（而不是在畢業典禮上，儀式、形式化的短講）。

在此，也贈送畢業生們一些話語——

• 放棄，只要一句話；成功，卻需要一輩子的堅持。
• 若要人前顯貴，就要人後受罪。

- 成功不是靠奇蹟，是靠累積。
- 碰到困難，只要開口請教，就有機會。
- 不要當人力，要當人才。
- 常低頭，就沒有過不去的矮門。

我們都要把別人的智慧與知識，放入自己的腦袋啊！

57

habit

自律是一種習慣，而不是天分

空有聰明才智，卻不懂自律，就是淒涼悲劇

懂得自信自律，
才會讓我們閃閃發光。
自律的人，會把握時間、積極行動，
讓自己從「知道」，還要「做到」。

媒體報導，中國大陸四川省，有個張姓年輕人非常聰明，他國中畢業後，唸高職學校，第一次參加高等考試，就考上著名的「上海復旦大學」。但是進入復旦大學就讀之後不久，他就嫌棄復旦大學不好，不是他理想的好學校，就選擇自己退學了。

然而，張姓學生天資聰穎，很會考試，後來他又考上「北京大學」。他，真是所謂的「考霸」，人家再怎麼考，都考不上，可是他隨便一考，就輕易考上了。

不過，或許考大學對張姓學生來說，大概是太容易了，所以他並不珍惜；在唸北京大學期間，他每天沉迷於網路遊戲，不顧自己的其他課業，導致他在大一就被退學了。

之後，他又重考，聰明絕頂的他，又輕易的考上「北京清華大學」。眾所周知，清華大學也是最頂尖的大學，可是張姓學生依然沒有記取教訓，也是整天沉迷於電腦網路遊戲，又被校方退學。

第四次，他再考大學，仍然考上清華大學；這次，他比較收斂了，知道自己不能這樣一直浪費時間、虛度時光，所以，他終於在清華大學成功畢業。

可是，畢業後，他個性很懶，不想找工作賺錢；考研究所也沒考上，所以張姓學生這個「考霸」，就逐漸被媒體淡忘。

的確，張姓學生的天賦、聰明才智、智商，都是最頂尖的，超越一般學生很多；然而，他雖然聰明，但「自制力」卻很差，無法克制自己的行為，以致接二連三的被校方退學，真是十分可惜啊！

智商高，並不表示「EQ情緒智慧」很高。

聰明絕頂，但若沒有「自制能力」，不懂得「自律」、「自我嚴律」，又有什麼用呢？

「業精於勤，荒於嬉。」即使是曾經是「學霸」、「考霸」，若不懂得自律，為自己的行為負責，那麼，就會辜負上天賜給你的聰明天賦啊！

後來，有網友透露，張姓學生考研究所失敗後，全家人搬遷到成都，一邊幫助他戒掉成癮已久的網路遊戲，也一邊找尋合適他的工作。而後，他考進一家公司，終於開始認真工作……

我們都要學習「自我嚴律」，因為，自信自律，才會讓我們閃閃發光。只有聰明才智，不懂自律，一定會讓自己搞得灰頭土臉。

所以，**「自律，是一種習慣，而不是天分。」**

自律的人，會把握時間、積極行動，讓自己從「知道」，還要認真「做到」！

空有才華，卻不行動、虛度時光，又有什麼用？

不懂自律、虛度人生的人，是一場最淒涼的悲劇啊！

58

habit

人要懂得未雨綢繆、提早鍛練自我才華

別在下雨天，才想修漏水的屋頂

我們不能要上台時，
才想到自己口才不好啊！
我們不能在有機會表現時，
才自怨自嘆，自己專業不夠啊！

前幾天，天氣不錯，我想，夏天快到了，一定會越來越炎熱，而我辦公室的冷氣機室內外機，大概有三年沒有清洗、維修了；於是，我打電話給原冷氣裝機的老闆，請他們派員來清洗、維修。

結果，當天下午，老闆立刻派人來維修。一檢查的結果，我辦公室三台冷氣機，其中一台，放置在大樓頂樓的室外機「主機板」有問題、冷氣不冷；打開一看，竟然有一隻壁虎被電死的屍體；另有一隻母壁虎，竟然下了二顆蛋在主機板旁……

原來，冬天室外天氣冷，壁虎鑽進頂樓室外的冷氣主機內取暖。冷氣維修人員將壁虎趕走、將二顆小蛋丟棄，也把冷氣主機板加蓋封緊，讓壁虎無法再鑽入其中……

隔天，維修人員再拿來全新的主機板裝上，也把三台冷氣的室內機、室外機，全都清洗、整修乾淨。

維修人員對我說：「戴老師，你很聰明，現在三月，我們比較清閒、有時間；如果是夏天，天氣很熱，很多人要我們去清洗冷氣機，我們都忙死了，可能要排一個星期，都還排不到時間，而且到時候，清洗冷氣機的價錢更貴……」

其實，這也是我事先想到的，要「未雨綢繆」！

我們不能在炎熱的夏天，才想到——要清洗、維修冷氣機啊！

如今，辦公室的三台冷氣機，都很乾淨、冷氣涼爽……我很開心，也希望即將來臨的夏天，都能舒適的在清爽、乾淨的辦公室內工作。

曾有不少人問我：「戴老師，我只要一站到台上，就會害怕、無法面對眾人講話……我要如何練習口才？」

這問題，讓我想起一個故事——有個老人，他的屋子會漏水，可是他卻捨不得花錢修屋頂。一天，下大雨，這老人說：「雨下這麼大，我到哪裡找人來修理屋頂？……我看，還是等雨停了之後再說吧！」

兩天後，雨停了，鄰居勸他趕快把屋頂修了，好過日子，可是老人又說：「現在雨都停了，不會再漏水了，我又何必去花錢修屋頂呢……」

什麼時候是我們「修理屋頂」的最佳時刻？答案是——「現在」，立刻找人來修；因為，大雨，隨時會來。

什麼時候是我們「練習口才」、「練習專業」的最佳時刻？答案是——「現在」，立刻隨時隨地找機會練習。因為，我們要上台、要說話、要報告，機會隨時會來！

我們不能在下雨天，才想到要找人來修屋頂啊！
我們不能在要上台時，才想到自己口才不好啊！
我們不能在有機會表現時，才自怨自嘆才華、專業不夠啊！
我們都要「未雨綢繆」，隨時訓練自己、投資自己；
因為，**「辛苦三五年，風光五十年！」**

心理學家馬斯洛曾說：「心念變，態度跟著變；態度變，習慣跟著變；習慣變，人生就大大改變！」懂得未雨綢繆，提早訓練自己、鍛練自己的人，就一定能「態度變、習慣變」，而使自己的人生大大改變！

59
habit

隨時再學習、再充電、再出發

心態像太陽，照到哪、亮到哪

人的態度，
決定自己所走的路。
人的態度，
決定自己的生命高度。

如果問你，「退休」的英文是什麼？很多人很快地會回答「retire」。「re」是重複，或再一次的意思，大家都知道；而「tire」呢？很多人就會說，是「累、疲倦」的意思。所以，re加上tire是什麼意思？有人就說：「再累一次！」哈，不是再累一次啦！

「tire」當形容詞時，是疲累、疲倦；但當名詞時，是「輪胎」的意思。人到了退休年齡，或是到了一定階段，就要re-tire，就是要「換輪胎」！

我的車子，前一陣子因已跑了四萬公里，業務員朋友說一定要「換輪胎」，因為輪胎的紋路已經快磨平了，與地面的摩擦力減少了，開車很危險，要換新的輪胎才安全。

人到了一定階段，就要「換新輪胎、重新充電」，才不會使胎紋磨平，才不會使自己枯竭！若開著沒胎紋的輪胎上高速公路，極危險。若輪胎破了，不補、不換新，更無法上路。

然而，有些人不願意「換輪胎」，也不願意再學習、再出發，只是一成不變地過日子，平庸、平淡、沒衝力地過著閒日子，而等到蒼老、年邁的日子來臨；這，不就是像是「等死」嗎？

人，要「換輪胎」，還是「等死」呢？

換輪胎，只是一種態度——積極再學習、再出發、再衝刺，絕不住在舒適圈的勇敢態度。換輪胎、換跑道、換態度，再創造第二春、第二個亮麗生命。

「人的態度，決定自己所走的路。」

「人的態度，決定自己的生命高度。」

「換個生命的輪胎、經常為自己充電吧！」人生若到了中年，只有沒目標、沒作為地「等死」，也是很沒意義、沒價值的。

人生，就是要充滿熱情、渴望，愈活愈帶勁！也要使自己的心態，像一顆火紅的太陽，照到哪，就亮到哪！

60

habit

用眼看見特殊，用筆記錄情懷

隨時要有敏銳的「觀察力」與「發現力」

我們的眼睛，
都要有敏銳的「觀察力」與「發現力」，
把四周許多美好的事物，
記下來，放進自己的腦袋。

有一次，我在北京機場要搭機回台，在等待飛機時，我在機場書店翻閱書籍，突然，我看到一本書中有一句話：

「路，能走多遠，看你跟誰一起走？」

看到這句話，我覺得很棒，心有戚戚焉，於是我把這句話寫下來，也順便把這本書買下來。真的，一個人，路能走多遠，要看我們跟誰一起走？

如果，我們有好的朋友、好的老師、前輩，可以給我們打氣、鼓勵、提攜、肯定，那麼，我們一定有信心，在人生的道路上，快樂的前進，也讓自己越走越遠、越有成就。

也有一次，我在台北機場等待飛機時，看到一幅賣酒的廣告；這幅廣告很特別，上面沒有帥哥、美女，也沒有什麼大酒瓶的照片。這幅廣告，是畫了一幅風景畫，畫著綿延的翠綠山脈；山脈之中，有一條蜿蜒到盡頭的公路，穿梭在其中。

在這幅畫的下方，有一段廣告詞，上面寫著：

「只要你知道要往哪裡去，這個世界，一定會為你讓出一條路來！」

哇，這句話太棒了，我馬上拿筆把它寫下來、背下來。

真的，只要我們有目標、有方向，知道自己要往哪裡去，就沒有人能夠阻撓我們，這個世界也一定會為我們「讓出一條路來」啊！

相反地，如果我們沒有目標、沒有方向，不知道往哪裡去，每天渾渾噩噩、無所事事，老天怎麼可能幫助我們邁向成功之境？

另有一次，我在馬來西亞檳城演講；午餐之後，走出餐廳，看到對面有一個幼稚園。在這幼稚園的外面，掛著一幅大廣告看板，上面寫著：

「孩子喜歡去好玩的地方，
但他們只留在有愛的地方！」

看到這句話，我也立刻拿相機，把這個廣告看板拍了下來。真的，好玩的地方，孩子們都很想去玩；但是，只有在「有愛」的地方、家庭，孩子才會願意留下來。家庭中，若缺乏「愛、關懷與溫馨」，或是常常充滿「謾罵、責備與衝突」，有些孩子就可能離家出走、不回來了。

其實，我們身邊常常充滿著智慧，或是提醒我們的「至理名言」，但是，大部分的人都不會、也不懂得珍惜，也不懂得把它記錄下來。

我覺得，我們都要有「敏銳的觀察力」，把聽到、看到的一些好話、好的觀念，寫下來、記下來，成為我們心中的精神食糧，也成為我們學習積極向上、向善的動力。

所以，**我知道，我的眼睛，要有敏銳的「觀察力」與「發現力」。**
我更要——「用眼看見特殊，用筆記錄情懷。」

養成這樣的好習慣，我就可以每天進步、每天學習別人的智慧；也把別人的智慧，一一的「放進自己的腦袋」！

自我實現，建立好習慣！

（將已建立的習慣打勾！）

- 001 □ 讚美別人，說出好話
- 002 □ 檢查訊息，傳遞溫度
- 003 □ 忍住怒氣，化為動力
- 004 □ 停止抱怨，積極實踐
- 005 □ 「三隻手哲學」
- 006 □ 停止在意他人惡毒的話語
- 007 □ 提前一日規劃明天的事
- 008 □ 把握時間，掌握幸福
- 009 □ 改變心境，正面思考
- 010 □ 把握機會，勇敢嘗試
- 011 □ 提早出發，提早抵達
- 012 □ 凡事真誠，感動別人
- 013 □ 勤奮紀錄，增加智慧
- 014 □ 勤寫日記，增強能力
- 015 □ 找到興趣，全心投入
- 016 □ 蒐集資料，常加運用
- 017 □ 勇敢請教，把握機會
- 018 □ 訂做「每日需做事項表」
- 019 □ 用心聆聽，仔細閱讀
- 020 □ 利用零碎時間，充實自己
- 021 □ 每日記錄「今天最有成就感的一件事」
- 022 □ 隨身攜帶「待辦事項表」
- 023 □ 訓練自己，累積膽識
- 024 □ 記住自己的優勢
- 025 □ 凡事小心，處處謹慎
- 026 □ 增強外語，突破現狀
- 027 □ 主動親近，主動認識
- 028 □ 提早做好萬全準備
- 029 □ 持續練習，勇敢開口
- 030 □ 美好話語，度過低潮

□ 031 加強挫折容忍力與行動意志力
□ 032 訂下計劃，鎖定目標
□ 033 主動幫忙，主動請教
□ 034 停止空想，立刻行動
□ 035 勇敢跨越，即刻實踐
□ 036 隨時發現，記錄題材
□ 037 珍惜相逢，凡事感謝
□ 038 面帶微笑，散發喜悅
□ 039 穿著端莊，建立形象
□ 040 正面回饋，學習成長
□ 041 「溝通四轉」
□ 042 思考周全，控制舌頭
□ 043 真心致意，再次感謝
□ 044 學習忍耐，包容退讓
□ 045 為受挫的情緒設下停損點

□ 046 用語言鼓勵、稱讚他人
□ 047 用鼓勵與肯定，取代責罵與生氣
□ 048 用實際行動表達愛
□ 049 鍛鍊身體，維持健康
□ 050 全力以赴，自我勉強
□ 051 主動積極，自律不放棄
□ 052 自我訓練，增強信心
□ 053 訂定方向，努力邁進
□ 054 凡事用心，多加留心
□ 055 待人要誠，作事要真
□ 056 虛心接受前輩建言
□ 057 養成自律，把握時間
□ 058 鍛鍊自我才華
□ 059 隨時學習，充電再出發
□ 060 養成敏銳觀察力與發現力

國家圖書館出版品預行編目資料

好習慣成就好人生！：60 個讓你成功的好習慣 / 戴晨志著 . -- 初版 . -- 臺中市 : 晨星 , 2019.09
面；公分 . －－（戴晨志；08）
ISBN 978-986-443-922-5（平裝）

1. 成功法　2. 生活指導

177.2　　108012628

戴晨志 08

好習慣成就好人生！

60個讓你成功的好習慣

作者　戴晨志
責任編輯　林鳳儀
校對　戴晨志、林鳳儀
封面設計　Lime Design
內頁設計　張蘊方
插畫　何霜紅

創辦人　陳銘民
發行所　晨星出版有限公司
台中市 407 工業區 30 路 1 號
TEL：04-23595820　FAX：04-23550581
行政院新聞局局版台業字第 2500 號
法律顧問　陳思成律師
初版　西元 2019 年 09 月 01 日
再版　西元 2020 年 06 月 30 日（二刷）

歡迎掃描 QR Code
填線上回函

總經銷　知己圖書股份有限公司
106 台北市大安區辛亥路一段 30 號 9 樓
TEL：02-23672044 / 23672047　FAX：02-23635741
407 台中市西屯區工業三十路 1 號 1 樓
TEL：04-23595819　FAX：04-23595493
E-mail：service@morningstar.com.tw
網路書店 http://www.morningstar.com.tw

郵政劃撥　15060393（知己圖書股份有限公司）
訂購專線　02-23672044
印刷　上好印刷股份有限公司

定價 290 元
ISBN 978-986-443-922-5
Published by Morning Star Publishing Inc.
Printed in Taiwan